Walter Iwersen

La Réunion

Les 52 plus belles randonnées entre mer et montagne

EDITION ROTHER

Photo de couverture :
Vue sur le Cirque de Mafate

Photo à l'intérieur sous le titre :
Le Piton des Calumets

Toutes les 102 photos ont été prises par l'auteur

Cartographie :
52 cartes de randonnée aux échelles 1:25 000/1:50 000/1:75 000
2 cartes synoptiques aux échelles 1:400 000 et 1:800 000
© Bergverlag Rother (conçues par Barbara Häring)

Traduction : Jocelyne Abarca

L'élaboration de l'ensemble des montées et des itinéraires décrits dans ce guide a été faite en toute conscience et bonne connaissance par l'auteur. L'utilisation de ce guide est aux risques et périls de l'utilisateur. Dans la limite des dispositions légales, aucun recours en justice n'est possible lors d'éventuels accidents et dommages divers.

2ème édition 2009
© Bergverlag Rother GmbH, Munich
ISBN 978-3-7633-4278-5

Préface

La Réunion est une destination qui, jusqu'à présent, a été épargnée dans une large mesure par le tourisme de masse. Pas de plages surpeuplées, de grands complexes hôteliers et d'avenues extrêmement animées. Mais d'où l'île tire-t-elle son charme ? D'abord des gens qui y vivent : de nombreux habitants viennent de la métropole, mais un grand pourcentage de la population est composé des descendants d'immigrés d'Inde, de Chine, de Madagascar et d'Afrique. Tous les continents sont représentés et ils cultivent leurs traditions culturelles et religieuses dans une communauté multiculturelle et multicolore, presque unique au monde en son genre. Il faut ajouter à cela les savoureuses spécialités que peut offrir la cuisine typiquement créole avec de nombreux fruits exotiques. Mais vous découvrez d'où vient cette fascination dès que vous jetez un œil sur la carte et la table climatique : à 200 km de l'Ile Maurice et à 800 km de Madagascar, vous vous trouvez sur une île volcanique au cœur des tropiques. Le relief montagneux du paysage est époustouflant, très varié et couvert d'un tapis foisonnant et verdoyant de plantes.

Si vous voulez découvrir la beauté de cette région, faites-le à pied. Un réseau de chemins de plus de 1000 km est réparti sur toute l'île, tous bien préparés et convenablement balisés. Un monde de randonnée merveilleux qui propose des excursions pour tous. Celles-ci traversent des cuves de cratère déchiquetées, de profonds canyons, jusqu'à des cascades dissimulées et des bassins où l'on peut se rafraîchir dans une eau claire comme du cristal. Il existe des sentiers dans les zones de forêt tropicale tout comme des excursions côtières et des ascensions jusqu'aux sommets culminant à 2000 et 3000 m. Les excursions dans l'extraordinaire région volcanique du Piton de la Fournaise font découvrir en de nombreuses étapes l'histoire de la formation de l'un des volcans les plus actifs du monde.

Si les mots »tropiques« ou »forêt tropicale« évoquent souvent les serpents, les scorpions ou la malaria, tout cela n'existe pas à La Réunion. C'est une île tropicale à la portée de tous ; lorsque quelque chose bouge dans les buissons, ce ne peut être qu'une tortue, une musaraigne ou un lézard.

Les itinéraires décrits dans le présent ouvrage sont destinés à vous donner envie de passer des vacances de randonnée d'un autre type. Si vous ne craignez pas de faire un long voyage pour vous y rendre et si vous êtes insensible aux conditions climatiques tropicales inhabituelles, vous vous y sentirez certainement très à l'aise. L'île est sans cesse en mouvement. Si vous constatez, chers lecteurs, des changements, nous vous prions d'en informer l'éditeur afin qu'il puisse en tenir compte dans les éditions futures. Je vous souhaite un agréable séjour et :

A bientôt !

Fribourg, été 2009   Walter Iwersen

Sommaire

Indications touristiques

Utilisation du guide

Chaque description de randonnée commence par un court texte stipulant les principales informations. L'itinéraire de l'excursion est tracé sur une carte en couleurs. La description du parcours utilise en principe l'orthographe des cartes IGN. Le diagramme de dénivelée comporte des indications concernant les principales destinations d'étape, les conditions d'ascension et la durée de marche approximative. Les indications de temps concernent uniquement le temps de marche proprement dit à moyenne allure sans pause repos ou photo. En règle générale, la durée des étapes ainsi que la durée globale sont indiquées. L'ensemble des destinations, localités, points de départ et d'arrivée mentionnés sont récapitulés dans l'index. Une carte synoptique aux pages 28/29 permet de situer géographiquement chacune des randonnées.

Route forestière difficile à Terre Plate (itin. 24).

Difficulté

La plupart des randonnées passent par des sentiers et des chemins bien balisés, mais cela ne devrait pas occulter le fait que certaines d'entre elles exigent une bonne condition physique, un pied sûr, une absence de vertige et un bon sens de l'orientation. En raison des conditions climatiques particulières qui règnent sur l'île, il faut compter souvent sur des changements de temps inattendus. Après des précipitations notamment, les sentiers sont souvent glissants ce qui exige du randonneur une concentration accrue et de l'endurance. Afin de pouvoir mieux évaluer les difficultés respectives, les randonnées proposées sont numérotées dans diverses couleurs dont la signification est la suivante :

Facile Ces chemins sont en règle générale suffisamment larges, modérément escarpés et par conséquent praticables relativement sans danger même par mauvais temps. Les critères d'endurance ne sont pas très élevés. Ils peuvent donc être empruntés aussi par de jeunes enfants et des personnes âgées.

Moyen Ces sentiers et raidillons sont pour la plupart étroits et peuvent être aussi un peu exposés sur de longs passages. Les montées et descentes demandent une bonne condition physique. Les personnes sujettes au vertige se feront accompagner par des randonneurs expérimentés lors de ces excursions.

Difficile Ces chemins sont souvent escarpés. Ils peuvent être très exposés et très glissants après des précipitations. Il est parfois nécessaire de s'aider des mains dans les passages d'escalade. De même, il faut souvent parcourir des distances très longues avec une dénivelée importante. Ces excursions seront par conséquent réservées aux randonneurs au pied sûr et en très bonne condition physique.

Dangers

En règle générale, les itinéraires de randonnée sont bien balisés et entretenus en permanence par l'ONF (Office National des Forêts) pour les utilisateurs. Le descriptif de la randonnée indique séparément le terrain sans chemin, les passages d'escalade ou les distances particulièrement longues. Dans les régions d'altitude des forêts tropicales ainsi que du volcan, il faut s'attendre à du brouillard ou à des nuages à partir de midi. Les conditions de randonnée changent souvent brusquement et il faut être extrêmement prudent.

Brouillard en altitude (itin. 21 ici).

Equipement

Sauf pour quelques randonnées faciles, des chaussures solides avec des semelles profilées sont nécessaires pour toutes les excursions. Il est indispensable d'emporter toujours suffisamment d'eau potable ainsi que, pour les longues distances, des provisions, un couvre-chef, avec protège nuque si possible, un poncho pour la pluie et un pull car il fait frais le matin et le soir en montagne. Il est conseillé d'emporter aussi un produit contre les moustiques, une lampe de poche et un sifflet. Les bâtons de randonnée sont utiles notamment dans les descentes mais ils peuvent gêner dans les passages d'esca-

La baignade est souvent comprise (itin. 3).

lade. Emporter un maillot de bain, des sandales en plastique et une serviette pour les randonnées de rivière ou simplement se rafraîchir dans les creux de rochers et bassins.

Cartes

L'IGN (Institut Géographique National) publie d'excellentes cartes avec des tracés d'itinéraires. L'intégralité de l'île est divisée en six cartes individuelles à l'échelle 1:25 000 : n° 4401 RT (St-Paul. Le Port), n° 4402 RT (St-Denis avec le Cirque de Mafate et le Cirque de Salazie), n° 4403 RT (St-Benoît. St-André), n° 4404 RT (St-Leu. L'Etang-Salé), n° 4405 RT (St-Pierre avec le Cirque de Cilaos), n° 4406 RT (Piton de la Fournaise). Le programme est complété par une carte routière claire de La Réunion à l'échelle 1:100 000. Les cartes sont disponibles en librairie, via Internet (www.ign.fr) ou directement sur place à la Maison de la Montagne, St-Denis.

Meilleure période de randonnée

Il est possible de faire de la randonnée toute l'année à La Réunion, mais l'idéal est entre avril et novembre. De la mi-décembre à la mi-mars, c'est l'été tropical avec des températures supérieures à 30°C, une humidité de l'air importante et la plus forte probabilité de précipitations. Même à cette époque, la randonnée est possible sans problème, mais il faut s'attendre à des conditions plus difficiles et organiser son séjour sur l'île de manière aussi flexible que possible. La haute saison pour les randonneurs est entre octobre et novembre. Les billets d'avion sont au prix fort pendant les vacances, à savoir en juillet et août ainsi qu'à la période des fêtes de fin d'année. Les touristes sont beaucoup moins nombreux pendant les six premiers mois de l'année ainsi qu'en septembre.

Hébergement

■ *Généralités*

Le choix est vaste pour ceux qui cherchent un ou plusieurs points de chute. L'éventail des possibilités comprend plusieurs types d'hébergements :

– Hôtels à tous les prix

– Résidences hôtelières, avec possibilité de faire la cuisine pour ceux qui ne désirent pas manger à l'hôtel surtout dans les stations balnéaires à l'ouest.

– Chambres d'hôtes, dans la maison d'habitation ou sur la propriété, sur demande également avec demi-pension, qui sont conformes aux critères des Gîtes de France. Un registre des hébergements intitulé : Les Guides départementaux – Ile de la Réunion, est disponible en librairie ou via Internet (www.gites-de-france.com).

– Meublés de tourisme, chambres meublées, bungalows ou studios pour deux personnes ou plus, brochure disponible auprès du CTR (Comité de Tourisme de la Réunion), des offices de tourisme locaux et de la Maison de la Montagne.

■ *Refuges*

Les gîtes d'étape, refuges rudimentaires avec chambre double ou à plusieurs lits, dîner et petitdéjeuner, sont conçus pour les randonnées d'étapes de plusieurs jours à travers les montagnes et les cirques de Salazie, Cilaos et Mafate, dans la région volcanique ainsi que le long des chemins de grande randonnée GR R1 et GR R2. Il est inutile d'emporter un sac de couchage car il y a suffisamment de draps dans ces gîtes. Avant de partir en randonnée, réserver pour la nuit directement par téléphone, auprès de la Maison de la Montagne ou par Internet (www.reunion-nature.com). Commander le dîner et le petitdéjeuner deux jours avant au moins au refuge. En haute saison, faire les réservations avant

Symboles	
🚌	Accessible en car
🍴	Restauration possible en chemin
👫	Adapté aux enfants
▲▲	Localité avec possibilité de restauration
▲	Possibilité de restauration, café
⌂	Refuge sans restauration, abri
†	Sommet
)(	Col
⸸	Eglise, chapelle, couvent
⚑	Point de vue, plateforme panoramique
⊼	Aire de pique-nique

le départ : le week-end notamment, les refuges près des sites intéressants sont vite complets.

■ *Restauration*
Possibilités de restauration en route sur certains itinéraires dans de petits bars et restaurants ; des camions-bars ou de petites boutiques permettent de s'approvisionner suffisamment en nourriture et boissons. Pour en savoir plus, se renseigner à la Maison de la Montagne.

Arrivée

Le principal moyen de transport sur l'île est la voiture qui permet d'emprunter les routes forestières où ne circulent pas les cars du réseau public. Les itinéraires de randonnée débutent presque toujours à des aires de pique-nique avec de petits kiosques et des barbecues. Les habitants de l'île adorent pique-niquer, ce qui explique la grande affluence constante en ces endroits le week-end.

De nombreux points de départ sont également accessibles en car. Une vue d'ensemble des principales liaisons associées aux randonnées présentées est proposée aux pages 26/27.

Protection de la nature et de l'environnement

Prière de respecter plantes et animaux quels qu'ils soient rencontrés au cours des randonnées. Ne pas laisser traîner d'ordures, notamment des poches en plastique, après la pause pique-nique. Ne pas jeter de mégots dans la nature. La physionomie des paysages naturels de La Réunion est par bonheur intacte ; les chemins et le terrain sont entretenus et aménagés en permanence par l'ONF. Ne faire du feu que sur les aires de pique-nique prévues à cet effet ou à proximité des kiosques le long des itinéraires.

Conseils aux randonneurs

- Les conditions climatiques dans les tropiques demandent une certaine acclimatation. Faire si possible de courtes excursions les premiers jours après l'arrivée avant d'entamer une randonnée de plusieurs jours.
- Surveiller sa circulation artérielle dans les ascensions escarpées ! Un coup d'œil sur la carte bidimensionnelle n'indique pas l'importance des montées et descentes en montagne.
- Essayer d'emporter aussi peu de bagages que possible pour la route. Tout kilo en moins dans les tropiques vaut son pesant d'or.
- Traversées de rivières et de ruisseaux fréquentes.
- Penser à emporter suffisamment à boire ! Se renseigner pour savoir où se trouve le point suivant d'approvisionnement ! En règle générale, il existe des points d'eau aux principaux endroits où séjournent tous les

Petite cabane sur le chemin menant au Piton d'Anchaing (itin. 25).

Les plus belles randonnées de La Réunion

Cap Noir

Sentier panoramique sur le versant nord de Mafate (itin. 1, 1½ h).

Piton Plaine des Fougères

Circuit aventureux dans la jungle d'une forêt tropicale dense (itin. 4, 4¼ h).

Anse des Cascades – Pointe Corail

Randonnée variée sur les falaises de la côte sud-est (itin. 17, 3½ h).

Le Bras de la Plaine

Intéressante randonnée de ravine à travers gorges étroites et cavernes (itin. 19, 4¼ h).

Le Grand Sable

Circuit dans le Cirque de Salazie à travers une forêt de filaos et des vallées fluviales avec des vues sans cesse changeantes (itin. 26, 4 h).

Le Bras Rouge

Parcours jusqu'aux plus beaux paysages dans le Cirque de Cilaos (itin. 28, 4¾ h).

Le Piton des Neiges

Ascension vigoureuse du sommet culminant de l'île (itin. 33, 8½ h).

Roche Plate – Trois Roches – Marla

Une étape dans le Cirque de Mafate le long de la gorge rocheuse de Trois Roches (itin. 37, 4¾ h).

Bord Martin – Cayenne – Les Deux Bras

A travers d'époustouflantes gorges et des villages de montagne isolés dans le Cirque de Mafate (itin. 39, 7 h).

Coteau Maigre

Circuit fatigant qui passe à travers quatre zones de végétation différentes (itin. 43, 6 h).

Le Trou de Fer

Agréable randonnée à travers la brume de la belle et enchanteresse Forêt de Bélouve avec un crochet par le »trou de l'enfer« (itin. 45, 4¼ h).

Cratère Rivals

A travers le fascinant paysage de lave jusqu'au Cratère Rivals au pied du Piton de la Fournaise (itin. 48, 3½ h).

Cassé de la Rivière de l'Est

Calme impressionnant dans un paysage extraordinaire de savane (itin. 52, 5¼ h).

randonneurs. Il est possible aussi de boire en route l'eau de montagne dans les régions élevées. Elle est riche en minéraux et fraîche.

– En règle générale, on rencontre sur les itinéraires très fréquentés de plus en plus de randonneurs, mais certaines routes aventureuses passent par des zones souvent désertes. Mieux vaut alors emporter un portable ou un sifflet pour les cas d'urgence ou signaler avant de quitter l'hébergement la randonnée choisie.

– Pendant l'été tropical, certains chemins sont fermés car ils sont glissants ou à cause du risque de chute de pierres, et il est souvent impossible de traverser les rivières. Pour connaître les itinéraires concernés, se renseigner à la Maison de la Montagne à St-Denis ou téléphoner au 0262-37 38 39.

La randonnée sur l'Ile de La Réunion

La Réunion est une île volcanique apparue il y a environ 2,5 millions d'années à la suite des éruptions du Piton des Neiges aujourd'hui paisible. Avec son petit frère, le Piton de la Fournaise qui bouillonne activement depuis 400 000 ans et qui vide, une fois par an en moyenne, ses chambres de magma par des éruptions spectaculaires, il a profondément marqué la physionomie de l'île. Il a ainsi créé une superficie d'environ 2 500 km ^{2} sur laquelle vivent approximativement 760 000 habitants, principalement dans les régions côtières. Il est possible de faire le tour de l'île, sans embouteillage, en 5 bonnes heures, mais le paradis des randonneurs proprement dit ne se trouve pas ici, sur le littoral très peuplé, mais à l'intérieur des terres : les trois cirques de Salazie, Cilaos et Mafate qui se regroupent autour du Piton des Neiges, les zones dans la région volcanique du Piton de la Fournaise, les hautes plaines et la forêt tropicale. Les paysages sont nombreux et diversifiés avec une faune et une flore qui ont quelques particularités à offrir.

La faune

En raison de sa situation insulaire, la faune de La Réunion est relativement protégée. Les immigrés ont amené avec eux des animaux domestiques qui, aujourd'hui encore, représentent la majorité de la faune. Chiens, vaches, chèvres, poules et porcs constituent le cheptel des petites fermes. Les chats sauvages, scorpions et serpents dangereux sont inexistants, tout comme les sangsues dans les rivières. Par conséquent, inutile d'avoir peur lors d'excursions dans la jungle des forêts tropicales, le risque d'être mordu par un anaconda est nul.

Les oiseaux recensés sont beaucoup plus variés. Outre les oiseaux migrateurs venant d'Europe, il existe quelques espèces endémiques qui accompagnent régulièrement le randonneur. Le *tec-tec*, moineau à la tête noire et à la gorge blanche, sautille volontiers en bordure du chemin à ses côtés. Le *cardinal*, de la taille d'un moineau également mais au plumage rouge vif, est tout à fait remarquable. On trouve des hirondelles dans les cavernes et sur les parois rocheuses, on entend partout des tourterelles et on voit parfois à proximité des plages *l'oiseau tropical* au plumage blanc avec une longue queue. Avec un peu de chance, on peut reconnaître dans les cimes des arbres des plantations de bambous, les nids en

Le tec-tec.

Le tanrek de la famille des hérissons.

forme de boule du *tisserin* jaune qui vit dans de petites colonies toujours très bruyantes. L'oiseau le plus célèbre de l'île, le *dodo* apprivoisé, a malheureusement disparu et ne vit plus que comme emblème sur la Bière Bourbon produite sur l'île.

La famille des reptiles n'est représentée que par de petits animaux. On rencontre souvent des *geckos* et des *lézards*, plus rarement le *caméléon* mâle vert pouvant atteindre 45 cm de long et appelé *l'endormi* parce qu'il ne se déplace que lentement. Dans les régions humides, on rencontre souvent de petits crapauds qui sautillent sur le chemin, sur la côte est, des crabes terrestres ou des escargots qui portent leur grosse coquille. Il ne faut pas avoir peur des *nephila clavipes*, araignées de la taille parfois de la paume d'une main, qui tissent leurs toiles souvent en travers des chemins de randonnée et attendent leur proie dans les filets tendus. Parfaitement inoffensives, elles sont jolies à voir avec leurs pattes rayées de jaune et marron. Parmi les mammifères il faut citer le *tanrek*, en créole : *tangue*, un hérisson qui aime renifler le sac à dos du randonneur mais ne se met pas en boule dès qu'il pressent un danger.

Nephila clavipes.

La flore

En raison du relief marquant du paysage, de nombreuses zones microclimatiques sont apparues grâce auxquelles on passe souvent, au cours d'une seule randonnée, à travers des zones de végétation totalement différentes. La richesse de la flore que l'on découvre ce faisant, La Réunion la doit au vent, à l'océan et aux oiseaux qui ont apporté de tous les points cardinaux – Afrique, Australie et Asie – des graines avec lesquelles ils ont créé la flore extraordinaire de l'île. Les plantes utiles et décoratives qui ont été introduites complètent l'éventail de la flore qui semble aujourd'hui si prodigue. Les *fougères* sont des plantes primaires qui poussent aussi sur la pierre de lave dans des conditions rudes et forment avec leur humus la matière première pour d'autres plantes. Elles arrivent souvent jusqu'à la taille et couvrent des versants entiers, des berges de rivières et de lacs et les sous-bois dans les régions de forêts. Les fougères arborescentes de hauteur moyenne, en créole *fanjan*, que l'on rencontre en altitude dans les zones de forêt tropicale et dans le sous-bois de forêts de tamarins sont particulièrement belles. En contre-jour, leurs frondes semblent légères et transparentes, par temps de brouillard elles transforment les alentours en un monde magique. On utilise souvent leurs troncs comme pots de fleurs dans les jardins ou comme revêtement sur les chemins de randonnée dans les zones humides.

Vacoas sur la falaise.

En plus des fougères, on rencontre également des types de forêt totalement différents qui, en fonction de l'altitude, couvrent versants et plaines d'un tapis de plantes verdoyant. Sur la côte est, on traverse des forêts de *vacoas*, palmiers à vis, souvent utilisés pour se protéger du vent et de l'érosion. Les racines pareilles à des échasses qui peuvent sortir du sol à plus d'un m de haut confèrent au palmier une énorme stabilité qui lui permet de résister aux vents forts. Les feuilles sont employées en vannerie.

Les *filaos* sont souvent utilisés pour consolider le sol en basse et moyenne altitudes. Ils rappellent les pins familiers et apportent une ombre bienfaisante. On trouve également à ces altitudes de petites forêts d'eucalyptus et les *cryptomérias* importés du Japon, sorte d'épicéa au long tronc qui est utilisé systématiquement dans le reboisement des versants érodés et dévastés par les cyclones.

A partir de 1200 m, dans les futaies sur le Maïdo ou dans la Forêt de Bélouve par exemple, on remarque les grands peuplements de *hauts tamarins*, sorte d'acacia venant d'Australie. Les tamarins des hauts sont très répandus sur l'île, leur bois est volontiers utilisé dans la fabrication de meubles en raison de sa chaude teinte rougeâtre et de sa belle madrure. La souplesse du tronc permet aux jeunes plantes de ployer très bas sous le vent sans tomber. Si la cime touche le sol, l'arbre s'enracine tout simplement. Avec les *fougères arborescentes*, les *fougères* et les *calumets* ou les étendues herbeuses dans le

Le jamrosat.

sous-bois, ces forêts enthousiasment les randonneurs par leur légèreté et leur luminosité.

Jusqu'à environ 1800 m, on trouve la forêt mixte tropicale si typique de La Réunion, le *Bois de couleurs des hauts*. Le mot »couleur« se réfère ici aux multiples coloris du bois tropical, comme pour les tamarins. Il existe plus de 30 essences de bois, les noms aussi pleins de fantaisie que *Bois de rempart*, *Bois de pommes*, *Bois de perroquet*, *Bois de corail*, *Bois de joli cœur*, *Bois d'olive noir* étonnent les profanes qui préfèrent utiliser des termes plus simples comme forêt tropicale ou forêt vierge. Ces arbres ne sont jamais seuls non plus ; de nombreuses plantes dans le sous-bois, *fuchsias*, *fougères*, *lantaniers* et herbes forment ensemble une symbiose unique en son genre. Si ces futaies se trouvent dans une zone où les précipitations sont nombreuses et si beaucoup d'arbres ont été renversés par des ouragans ou des cyclones, alors cela donne des forêts tropicales et néphéliphiles particulières, par exemple à Bébour ou Bélouve ou encore sur la Plaine des Fougères. Les arbres déracinés servent d'hôtes aux mousses, lichens, fougères et orchidées qui transforment la forêt en une mer de plantes multicolores.

A partir de 2000 m, p. ex. dans la région volcanique, sur la Roche Ecrite ou le Grand Bénare, on trouve presque uniquement un paysage de bruyères aride. Les *petits tamarins des hauts*, les plantes basses ou les bruyères coriaces peuvent résister aux conditions de développement rudes. Des buissons de *fleurs jaunes* et d'*ajoncs* apportent ici quelques touches de couleur.

La fascination à la vue de cette magnificence des plantes ne doit pas faire oublier que de nombreux arbres et arbustes prolifèrent maintenant de manière incontrôlée. On les appelle *la peste végétale* parce qu'ils étouffent les autres plantes et restreignent leur espace vital. Comme par exemple la *vigne marron* avec ses feuilles quelque peu épineuses qui rappellent la vigne vierge, le *bringellier* ou »aubergine sauvage« avec ses fleurs violettes, mais aussi le *jamrosat* de Malaisie avec ses tiges florales inimitables et pareilles à de petites explosions.

Si l'on flâne dans les marchés des villes ou si l'on s'arrête à l'un des nombreux étals provisoires en bordure de route, on est sans cesse étonné par la qualité et le choix de fruits et de légumes qui, pour l'Européen, restent des produits exotiques. Les premiers prisonniers abandonnés sur l'île par la

France il y a très longtemps étaient si bien alimentés après trois ans que l'île a été annexée sans autre forme de procès.

L'*ananas Victoria* jaune et juteux pousse sur le sol sous forme d'une rosace dans des buissons feuillus durs et épineux qui couvrent les champs en un alignement pareil à celui de la lavande. L'*avocat* et la *mangue* poussent sur de hauts arbres denses dans les jardins et les

Le jaque.

plantations et sont cueillis sur l'arbre au moyen de longues perches avec des paniers à filet.

Parmi les bananes, les petites bananes de dessert sont particulièrement recommandées. Le *jaque* est un fruit qui peut atteindre les 20 kg et dont les graines sont utilisées, une fois râpées, dans la préparation du carry. Le noyau, très riche en amidon, est cuit puis râpé pour faire de la farine à gâteaux.

La *noix de coco*, la *papaye*, la *bibasse*, le *longani* et les agrumes viennent compléter ce riche menu. Une fois par an seulement, en novembre/décembre, on cueille les *litchis* très prisés par les habitants de l'île qui sont également des friandises très appréciées dans la métropole. Les fruits du *goyavier*, pareils à des cerises rougeâtres, très riches en vitamine C et qui poussent de manière sauvage ont un goût rappelant celui des fraises ; on les utilise volontiers pour confectionner de savoureuses confitures.

A longueur d'année, on voit des fleurs partout, dans les jardinets, les allées et le paysage. Comme par exemple en octobre et novembre le *calla* ou *arum* en créole avec une coupe blanche en forme d'entonnoir et une tige florale orange qui pousse dans le sous-bois des forêts tropicales ou, en décembre et janvier, les *flamboyants* aux fleurs rouges en bordure des rues et des places. Mais aussi les *fleurs de l'oiseau de paradis*, le *frangipanier* (arbre à pagode), les fleurs de *conflort et de jasmin de Virginie* – la liste pourrait se poursuivre indéfiniment. Autre particularité de l'île : les orchidées qui poussent un peu partout dans les forêts tropicales. Il en existe plus de 60 espèces. Lors de randonnées à travers ces régions, on est d'abord tellement occupé à chercher le bon chemin entre les racines, les pierres et les passages glissants qu'on ne

La vanille, orchidée rampante.

s'en rend pas compte immédiatement en général. On rencontre fréquemment la *vanille grimpante*, seule orchidée rampante comestible. Le processus de transformation dure entre 8 et 9 mois, de la gousse verte au bâtonnet aromatique noir et brun que l'on ne trouve que sur l'île dans les magasins ainsi que sur les marchés.

Randonnées de plusieurs jours GR R1 et GR R2

En général, le randonneur à La Réunion organise ses excursions et ses étapes individuelles seul ou avec des conseillers de la Maison de la Montagne. Il peut également faire deux randonnées populaires de plusieurs jours balisées en blanc et rouge : sur le modèle des itinéraires de randonnée de la métropole, elles ont été baptisées Grande Randonnée, La Réunion n° 1 et 2, GR R1 et GR R2. Le GR R1 traverse en six jours les trois cirques de Cilaos, Salazie et Mafate ; le GR R2 dans l'axe nord-sud traverse quant à lui l'ensemble de l'île, de St-Denis à Basse Vallée, en 10 à 12 jours, en fonction du programme annexe. Les durées de marche indiquées sont des estimations de la Maison de la Montagne.

GR R1 : Autour du Piton des Neiges

1ère étape :
Depuis Hell-Bourg dans le Cirque de Salazie à la Forêt de Bélouve (2 h), avec ou sans crochet par le Trou de Fer (3½ h), nuit au Gîte de Bélouve.
2ème étape :
Du Gîte de Bélouve via la chaîne montagneuse du Cap Anglais au Gîte de la Caverne Dufour en dessous du Piton des Neiges (4 h).
3ème étape :
Ascension du Piton des Neiges, du Gîte de la Caverne Dufour au sommet et retour (3 h), puis descente jusqu'à Cilaos (3 h), nuit à Cilaos.
4ème étape :
De Cilaos via le Col de Taïbit à Marla dans le Cirque de Mafate (6 h).
5ème étape :
De Marla à La Nouvelle (3½ h), nuit à La Nouvelle.
6ème étape :
De La Nouvelle via le Col de Fourche jusqu'à Hell-Bourg et retour (6 h) ou jusqu'à Grand Sable via Le Bélier.

GR R2 : Traversée de l'île du nord au sud

1ère étape :
Ascension depuis St.-Denis, quartier La Providence, jusqu'au Gîte La Plaine des Chicots (5½ h), ou alors gagner en car Le Brûlé puis, de là, le gîte (3½ h).
2ème étape :
Ascension depuis le Gîte La Plaine des Chicots jusqu'à Roche Ecrite, puis retour et continuer via le Piton Fougères jusqu'à Dos d'Ane au Cap Noir (5 h).

Monticule avec cratère dans l'Enclos Fouqué (itin. 48).

3ème étape :
Descente depuis Dos d'Ane dans le Cirque de Mafate jusqu'à Aurère (4½ h),
ou encore Ilet à Malheur (5 h) ou Grand-Place (4½ h).
4ème étape :
D'Aurère à Grand-Place (4½ h), passer la nuit là-bas.
5ème étape :
Depuis Grand-Place via Ilet des Orangers et le col La Brèche vers Roche
Plate (5 h) jusqu'aux îlets situés plus haut dans le Mafate.
6ème étape :
De Roche Plate à La Nouvelle via Le Bronchard (3½ h) puis continuer jusqu'à
Marla (2 h), ou aller de Roche Plate directement à Marla via Trois Roches (5½ h).
7ème étape :
De Marla à Cilaos via le Col du Taïbit (6 h).
8ème étape :
De Cilaos au Gîte de la Caverne Dufour au Piton des Neiges (4 h).
9ème étape :
Montée du Piton des Neiges, descente jusqu'au Gîte de la Caverne Dufour (3 h)
et via le Coteau Maigre jusqu'à la Plaine des Cafres vers Bourg-Murat (5 h).
10ème étape :
Ascension depuis Bourg-Murat jusqu'au Gîte du Volcan (6 h).
11ème étape :
Marche jusqu'au Cratère Rivals au pied du Piton de la Fournaise (3½ h).
12ème étape :
Descente depuis le Gîte du Volcan jusqu'à Basse Vallée sur la côte sud (7 h).

Renseignements pratiques

Arrivée

La Réunion n'est desservie actuellement que par des compagnies aériennes françaises. Tous les jours, des avions d'Air France, d'Air Austral et Corsair quittent Paris, Lyon ou Marseille pour l'île. Il est possible aussi d'arriver en charter en passant par l'Ile Maurice. Le vol entre Paris et St-Denis dure environ 11 heures.

Renseignements et infos

■ *Informations générales sur les possibilités d'hébergement, de loisirs et les sites à voir :*
– A Paris : Comité du Tourisme, 90, rue la Boétie, 75008 Paris, ✆ 0033 (0) 140 75 02 79, fax (0) 140 75 02 73
– En Belgique : Maison de la France, 21, avenue de la Toison d'Or, 1050 Bruxelles, ✆ 0902-880-25 (accessible de Belgique uniquement), fax 0032 (0) 25 14 33 75
– En Suisse : Maison de la France, Rennweg 42, boîte postale 3376, Ch-8001 Zurich, ✆ 0041 (0)44 217 46 00
– Sur Internet : www.la-Reunion-tourisme.com
■ *Réservations et informations sur les randonnées et autres activités sportives :*
– A La Réunion : Maison de la Montagne, 5, Rue Rontaunay, 97400 St-Denis, ✆ 00262 (0) 262 90 78 78, fax (0) 262 41 84 29
– Sur Internet : www.reunion-nature.com

Ecolières à Mafate.

Camping

Le camping n'est pas très répandu à la Réunion. Les quatre principaux campings de l'île qui se trouvent à Cilaos, à Grande Anse, dans la Plaine des Palmistes ainsi qu'à Bras-Panon sont souvent fermés en été parce que cette saison est propice aux cyclones. Le camping sauvage est généralement défendu, mais les randonneurs trouveront en montagne des bivouacs indiqués où il est également possible de passer une nuit sans confort dans son sac de couchage.

Dangers

Les animaux dangereux, les insectes ou la malaria n'existent pas sur l'île. Fin 2005 toutefois, le virus du chikungunya transmis par le »moustique à pattes tigrées« est apparu pour la première fois, contaminant de nombreux habitants de l'île pendant la saison des pluies. Entre-temps, on a découvert des antidotes efficaces. Pour se protéger, utiliser quand même des crèmes ou des sprays contre les moustiques à emporter dans la pharmacie de voyage ou à se procurer sur place.

Histoire

Découverte en 1516 par des marins portugais, souvent utilisée par la suite comme repère de pirates, cette île a été annexée en 1641 par la France qui en fit l'une de ses colonies.

Le café et les épices d'abord, plus tard la canne à sucre ainsi que la vanille ont apaisé la soif d'exotisme de la métropole. La traite des esclaves autorisée à partir de 1717 n'a été abolie qu'en 1848. Le nom La Réunion remonte à l'époque de la Révolution Française lorsqu'en 1793, date à laquelle les gardes royaux et les soldats révolutionnaires sont réunis.

Après la fin de la deuxième guerre mondiale, la procédure de départementalisation de l'île avec l'infrastructure correspondante a été systématiquement accélérée.

Appels d'urgence
 – Police : 17, pompiers : ✆ 18
 – Sauvetage en montagne : ✆ 0262-93 09 30

Climat

Le soleil est pratiquement toujours à la même hauteur pendant toute l'année, ce qui explique qu'il n'existe que deux saisons : l'hiver (mai – octobre) est doux et plutôt sec avec des températures oscillant entre 20 et 25°C, l'été (novembre – avril) est plus chaud, en moyenne 24 à 30°C, et surtout plus humide. Les températures journalières dans les régions plus élevées sont inférieures de quelques degrés, quelle que soit la saison, à celles sur la côte, environ 0,5°C par 100 m de dénivelée. En plein été entre mi-décembre et

Tableau des températures de La Réunion

Mois		1	2	3	4	5	6	7	8	9	10	11	12	Année
Jour	°C	31	30	30	28	26	25	25	25	25	28	28	30	28
Nuit	°C	24	23	23	21	20	19	18	18	19	19	21	22	21
Eau	°C	28	28	27	27	26	26	25	24	23	24	26	26	26
Heures soleil/jour		8	8	8	8	8	9	9	9	9	9	9	8	9
Jours de pluie		12	12	12	10	8	6	6	4	4	4	4	8	8

mi-mars, il fait très chaud avec des températures supérieures à 30°C sur le littoral et une grande humidité de l'air. C'est également l'époque des grandes précipitations ou »saison cyclonique« comme on l'appelle également. C'est à cette période en effet que se forment sur l'Océan Indien des cyclones qui, parfois, retombent, mais qui parfois aussi atteignent les archipels accompagnés d'ouragans violents et de pluies.

Les alizés soufflent pendant toute l'année sur la côte est (côte au vent) de l'île, escortés, surtout l'après-midi, de nuages qui se déversent sur les massifs boisés en altitude et sur le volcan. La côte ouest (côte sous le vent) est en général à l'abri de ces précipitations.

Ouvrages de voyage

– Géo guide : »Réunion«,
– Hachette Livre : »Le Guide du routard/La Réunion«,
– Le Petit Futé : »Réunion«.

Sécurité

Comme partout en Europe, il ne faut pas laisser d'objets de valeur exposés dans la voiture. En cas de randonnées de plusieurs jours, garer la voiture sur un parking gardé par mesure de précaution. Le vol, les effractions et les agressions ne sont pas plus rares et fréquentes à La Réunion que dans la métropole.

Sports

Le sport occupe ici une place très importante. Le jogging, le tennis, le football, le vélo, la pêche sont des loisirs prisés. Les activités sportives proposées aux touristes sont aussi variées : randonnée, escalade et parapente en montagne, kayak, rafting et canyoning dans les rivières, surf, pêche en haute mer et plongée sur la côte, VTT et équitation dans les plaines. De nombreux organisateurs offrent des cours et des excursions ou louent l'équipement nécessaire.

Langue

La langue officielle est le français, mais on parle presque partout le créole, langue insulaire très particulière qui utilise des éléments du français mélangés à des mots employés par les groupes d'immigrés les plus divers.

Téléphone

L'indicatif pour La Réunion est le ✆ 00 262.
L'indicatif depuis La Réunion vers la France : ✆ 00 33, vers la Suisse, ✆ 00 41, vers la Belgique : ✆ 00 32.

Autostop

Aucun problème pour faire de l'autostop.

Circulation

– Car : Il existe un vaste réseau de cars autour de l'île (Car jaune) qui relient entre eux toutes les localités du littoral. Ce réseau est complété par une

Le surf est un sport prisé.

liaison transversale de l'est au sud-ouest et des correspondances régulières pour Cilaos, Salazie et L'Entre-Deux. A partir des grandes localités côtières, des petits cars pour la plupart ou des taxi bus desservent les alentours. Les horaires et les correspondances des cars jaunes sont disponibles sous forme de dépliant directement dans les gares routières, ceux des petites compagnies de car également à la mairie (ou hôtel de ville). Les itinéraires sont divisés en zones et le prix du trajet est fixé en conséquence. Les cars jaunes partent normalement de la gare routière, les petites lignes démarrent quant à elles généralement à la mairie. Le prix d'un aller simple de St-Denis à St-Pierre (95 km environ) est de 4,20 euros, des principales localités aux communes des environs 1,50 euro. Pour 4,00 euros, on rejoint en navette la gare routière de St-Denis depuis l'aéroport de Roland Garros. Il n'y a pas d'arrêts indiqués sur de nombreux itinéraires ; pour monter, il suffit de tendre la main pour que le chauffeur s'arrête. Pour descendre, taper 2, 3 fois dans les mains.

– Voitures de location : L'auto est extrêmement importante sur l'île, encore plus que dans la métropole. La densité du trafic est donc très importante tout comme l'offre des sociétés de location de voitures. Pour ceux qui savent se servir d'un ordinateur, il est bon de consulter le site pagesjaunes.fr pour recevoir des offres par fax ou par mail. L'âge et l'équipement du véhicule sont déterminants pour le prix. De nombreuses curiosités, la zone volcanique par exemple, ne sont accessibles qu'en voiture en dépit de bonnes liaisons en car.

– Taxi : Prendre un taxi est très coûteux et, si nécessaire, mieux vaut prendre un taxi collectif. Ceux-ci s'arrêtent également à toutes les gares routières et circulent principalement sur la grand-route St-Denis/St-Pierre.

Informations météorologiques

Il est souvent difficile de faire des prévisions fiables pour plusieurs jours. Pour être sûr du temps qu'il fera, regarder les infos à la télé la veille du départ ou consulter les quotidiens tôt le matin, pour le matin et l'après-midi. Il existe également deux numéros de téléphone où appeler pour se renseigner :
Temps actuel : ☎ 0892-68 08 08
État des chemins de randonnée : ☎ 0262-37 38 39

Décalage horaire

Octobre – avril : + 3 h
Mai – septembre : + 2 h par rapport à l'HEC.

Dans la Forêt tropicale des Fougères (itin. 4).

HORAIRES DES PRINCIPALES LIGNES

Car jaune

Ligne A   St-Denis – St-Pierre (Express)

Lu–Sa 4.45, 6.35, 7.20, 8.20,10.10, 11.40, 13.15, 14.45, 16.40, 17.50 ■ Dimanche 7.55, 9.25, 13.40, 15.35, 17.50

Ligne A   St-Pierre – St-Denis (Express)

Lu–Sa 4.30, 5.30, 7.50, 8.45, 9.35, 10.30, 12.10, 14.25, 15.20, 17.50 ■ Dimanche 9.55, 11.25, 15.35, 17.30

Ligne F   St-Denis – St-Benoît (Express)

Lu–Sa 7.05, 8.05, 9.35, 10.35, 11.35, 12.35, 13.35, 14.50, 15.20, 15.50, 16.35, 17.05, 17.40 ■ Dimanche 8.50, 13.05, 17.05

Ligne F   St-Benoît – St-Denis (Express)

Lu–Sa 5.30, 6.30, 7.00, 7.30, 8.15, 9.30, 10.30, 11.50, 12.30, 13.15, 14.40, 15.35, 16.30 ■ Dimanche 5.45, 11.15, 15.00

Ligne H   St-Benoît – St-Pierre (par les Plaines)

Lu–Sa   7.30, 9.20, 16.00 ■ Dimanche 9.00, 16.30

Ligne H   St-Pierre – St-Benoît (par les Plaines)

Lu–Sa 7.00, 12.40, 15.30 ■ Dimanche 8.45, 15.45

Ligne I   St-Benoît – St-Pierre (par St-Philippe)

Lu–Sa 7.20, 10.00, 12.40, 15.15, 17.30 ■ Dimanche 7.10, 12.15, 16.00

Ligne I   St-Pierre – St-Benoît (par St-Philippe)

Lu–Sa 6.35, 7.15, 8.05, 9.30, 10.40, 12.05, 12.35, 12.50, 14.35, 16.20, 17.10, 18.10 ■ Dimanche 6.35, 10.35, 15.55, 17.30

Ligne J   St-André – Mairie de Salazie

Lu–Sa 6.10, 7.30, 9.30, 11.30, 14.30, 16.10, 17.45 ■ Dimanche 8.40, 13.30, 17.45

Ligne J   Mairie de Salazie – St-André

Lu–Sa 5.30, 6.40, 8.00, 10.15, 13.00, 15.10, 16.40 ■ Dimanche 8.00, 12.40, 14.40

Ti-Car jaune

Ligne L   Entre-Deux – St-Louis

Lu–Sa 5.55, 7.30, 11.05, 13.20, 16.45 ■ Dimanche 8.15, 16.00

Ligne L   St-Louis – Entre-Deux

Lu–Sa 8.50, 10.35, 12.20 ,16.10, 18.05 ■ Dimanche 9.50, 17.20

Ligne 83   Mairie de Salazie – Hell-Bourg/Ilet à Vidot

Lu–Sa 6.45, 8.05, 10.10, 12.05, 13.55, 15.05, 16.45, 18.20 ■ Dimanche 9.55, 11.00, 14.05, 18.45

Ligne 83   Hell-Bourg/Ilet à Vidot – Mairie de Salazie

Lu–Sa 6.07, 7.27, 9.37, 11.05, 12.37, 14.32, 16.07, 17.40 ■ Dimanche 7.00, 10.30, 11.30, 14.33

Semittel

Ligne K   St-Louis – Cilaos

Lu–Sa 8.30, 9.30, 11.00, 13.00, 15.15, 17.30 ■ Dimanche 6.25, 8.30, 14.00, 16.30

Ligne K   Cilaos – St-Louis

Lu–Sa 5.00, 6.00, 7.25, 8.15, 10.15, 12.30, 14.30,16.00 ■ Dimanche 6.00, 8.15, 14.00, 16.00

Pastel

Ligne 2   St-Paul – Sentier Maido (par Le Guillaume)

seulementLu–Sa 6.00

Ligne 2   Sentier Maido – St-Paul (par Le Guillaume)

seulementLu–Sa 15.05, 17.20

Ligne 8.5   St-Paul – Sans Souci (par Canalisation)

seulementLu–Sa 6.55–18.15 toutes les 30 mn

Ligne 8.5   Sans Souci – St-Paul (par Canalisation)

seulementLu–Sa 6.25–17.45 toutes les 30 mn

                             Cilaos/Ville – Ilet à Cordes

Lu–Sa 7.20, 8.30, 10.15, 12.30, 14.27, 16.45, 19.05 ■ Dimanche 8.30, 17.57

                             Ilet à Cordes – Cilaos/Ville

Lu–Sa 5.10, 7.05, 8.15, 9.15, 11.40, 13.35, 15.12 ■ Dimanche 7.05, 15.12

Citalis

Ligne 21   St-Denis/Hôtel de Ville – Montagne 16ème/La Chaloupe

Lu–Sa 6.03–18.53 53 toutes les 30 mn et toutes les h ■ Dimanche 7.20–17.20 toutes lcs 2 h

Ligne21   Montagne 16ème/La Chaloupe – St-Denis/Hôtel de Ville

Lu–Sa 5.05–17.53 53 toutes les 30 mn et toutes les h ■ Dimanche 6.19–16.19 toutes les 2 h

Ligne 48   Ste-Marie/Hôtel de Ville – Piton Fougères

Lu–Sa 5.55, 7.25, 12.40, 16.10, 18.14 ■ Dimanche 7.05, 11.20

Ligne 48   Piton Fougères – Ste-Marie/Hôtel de Ville

Lu–Sa 6.30, 8.00, 13.15, 16.45 ■ Dimanche 8.00, 11.55

Ligne 12/12a   St-Denis/Gare routière – Bassin Couderc – Brûlé/Au Banc (Taxibus)

Lu–Sa 5.54–18.10 toutes les 20-40 mn ■ Dimanche 6.54–17.54 toutes les h

Ligne 12/12a   Brûlé/Au Banc – Bassin Couderc – St-Denis/Gare routière (Taxibus)

Lu–Sa 5.45–19.15 toutes les 20–40 mn ■ Dimanche 8.00–18.00 toutes les h

Remarque : Les horaires peuvent changer. Veuillez demander la liste actuelle avant de partir en randonnée.

Les régions de randonnée

Le nord

La principale ville du nord est St-Denis dont l'océan de maisons et déjà visible depuis l'avion quand on arrive. 160 000 Réunionnais vivent dans cette ville animée dont l'importance pour l'île est semblable à celle de Paris pour la France : siège des principales administrations et autorités, lien avec l'Union Européenne, lieu de travail pour une majorité d'insulaires. Même si on ne fait qu'y passer entre l'aéroport Roland Garros et les hébergements dans l'ouest ou le sud, il est conseillé de s'y rendre pour faire un tour en ville. La cité a été strictement construite sur le modèle d'un échiquier avec des routes que se partagent voitures et piétons. La physionomie de la ville avec ses villas coloniales, ses résidences d'amortissement locatif, ses panneaux publicitaires et ses cases créoles en tôle est inhabituelle. La promenade débute souvent au Petit Marché où l'on peut acheter des fruits et des légumes frais, continue ensuite par la zone piétonne de la Rue du Maréchal Leclerc, dans laquelle la diversité multiculturelle des habitants de l'île est le plus visible, jusqu'au Grand Marché, où on peut trouver de jolis souvenirs. De petits crochets mènent au temple tamoul ou à la mosquée Noor al Islam.

Ceux qui en ont les moyens ne vivent pas dans les quartiers bas, mais sur le versant et à hauteur de la mer, dans les quartiers Le Brûlé et Bellepierre ou sur La Montagne. Ils doivent alors faire aussi, deux fois par jour, la queue derrière les voitures aux heures de pointe pour descendre ou monter les rues étroites.

Rue à St-Denis.

La deuxième plus grande localité dans le nord est **Le Port** avec son port terminal de conteneurs où l'on trouve des compagnies de transport maritime d'outre-mer, des bureaux ainsi que les docks. 6 à 7 fois par mois également, un ferry fait la navette avec l'Île Maurice mais son importance est secondaire par rapport au trafic aérien. Les villes sont reliées par la **Route Littoral** à quatre voies, autoroute côtière construite difficilement entre St-Denis vers l'ouest le long de la côte escarpée de 300 m de haut de La Montagne. Elle s'achève à **St-Paul** où elle débouche sur une route à deux voies le long de la côte et en altitude en direction de St-Gilles.

Vue sur la lagune.

L'ouest – la côte sous le vent

La colonisation de La Réunion s'est développée au milieu du 17ème s. à partir de **St-Paul**. C'est en 1663 qu'arrivent les premiers Français qui s'implantent sur le rivage de l'Etang de St-Paul. Ce lieu est surtout connu aujourd'hui pour son marché hebdomadaire multicolore du vendredi et du samedi matin. Avec ses produits très diversifiés, il compte parmi les plus animés de l'île. Derrière St-Paul, l'étroite route côtière conduit aux plages de baignade sur la côte ouest. Contrairement à la situation sur l'Ile Maurice, elles sont rares ici à La Réunion. Le nombre de complexes hôteliers et de maisons de vacances dans les stations balnéaires de **St-Gilles les Bains**, St-Leu et La Saline est par conséquent limité. La côte ouest ou côte sous le vent, est, en comparaison, épargnée par les précipitations pendant toute l'année. Les étendues jusqu'aux versants boisés en altitude à l'intérieur des terres ressemblent à des paysages de savane. La bande côtière située à l'avant est un récif corallien de 15 km de long qui sépare une bande de lagune plate de la mer. Les gens du pays aiment aussi se baigner et faire de la plongée avec un tuba le week-end dans cette baignoire tiède de 1 m seulement de profondeur et remplie de coraux, d'holothuries et de poissons multicolores. Il faut également voir une fois au moins le coucher de soleil sur la plage de **Boucan Canot** et faire aussi un crochet par le **Piton Maïdo** à travers les futaies jusqu'au plateau panoramique depuis lequel la vue sur le Cirque de Mafate est magnifique.

L'est – La côte au vent

La côte est de La Réunion est la côte au vent, vent qui souffle d'ailleurs parfois violemment. **L'alizé** pousse les vagues et les nuages de l'Océan Indien vers l'île. Les nuages s'accumulent sur les chaînes de collines du volcan et les chaînes montagneuses de l'intérieur de l'île, se déversent et offrent ainsi des conditions idéales pour que poussent fruits et légumes. La canne à sucre également prospère ici magnifiquement bien et couvre de vastes étendues avec ses plantations vertes. Tous les ans entre juin et octobre, c'est la récolte et les rames encombrantes de canne à sucre sont transportées à la sucrerie et à la distillerie près de Bois Rouge où elles sont traitées. Elles servent entre autres à la fabrication du rhum blanc, ingrédient de base du *rhum arrangé*, digestif prisé sur l'île. Le climat est également favorable pour la vanille qui est plantée et cultivée dans de petites zones boisées entre les champs de canne à sucre et le long de la côte ; à la coopérative de vanille de Bras-Panon ainsi qu'à la Maison de la Vanille, on apprend

Temple tamoul près de Bois Rouge.

tout sur le procédé de fabrication. **St-André**, principale ville de la région est, compte environ 35 000 habitants, surtout d'origine hindou-tamoul. Le temple tamoul Le Colosse aux portes de la ville et celui à proximité de la sucrerie près de Bois Rouge valent un petit détour.

Plus on s'avance vers le sud-est, plus les villages sont rares jusqu'à ce qu'ils disparaissent complètement : Le **Grand Brûlé** désigne la zone dans laquelle les coulées de lave du Piton de la Fournaise descendent jusqu'à la mer sur son flanc est ouvert. Elles sont responsables des fréquents changements de régulation du tracé de la route N 2 à cet endroit. Derrière Ste-Rose, l'église **Notre Dame des Laves** attire de nombreux touristes. La coulée de lave de 1977 s'est arrêtée de manière inattendue juste avant l'église avant d'obliquer latéralement en direction de la mer.

Le sud

Le centre de la région sud est **St-Pierre**. Deuxième localité de l'île, après St-Denis, avec 60 000 habitants, la ville surprend les visiteurs par son atmosphère quasi méditerranéenne : un nouveau port avec des mouillages pour les voiliers, les bateaux à moteur et les bateaux de pêche, protégé par une jetée derrière laquelle les amateurs de surf et bodyboard se partagent les vagues, une plage où on se rencontre après le travail juste pour se baigner dans la lagune, et une promenade sur le rivage avec des cafés, des bars et des restaurants. Le petit aéroport à **Pierrefonds**, un peu en dehors, accueille les avions à hélice qui desservent notamment l'Ile Maurice et d'autres petites îles. Un peu en contre-haut de St-Pierre sur la N 3 se trouve **Le Tampon** qui compte presque 45 000 habitants et ne cesse de s'agrandir. Les touristes ne remarquent en général cette ville que lorsqu'ils montent vers la région volcanique, mais les gens de l'endroit aiment y habiter ici, à 500 m d'altitude, les étés sont en effet beaucoup moins chauds que sur la côte.

Derrière St-Pierre, le paysage se divise de plus en plus souvent en petites vallées et gorges ce qui rend souvent difficile la progression sur la route côtière. Pourtant, tout circuit de l'île comporte une excursion vers le Sud Sauvage. Le ressac au **Cap Méchant**, les cascades près de Grand Galet et les formations de lave à la Pointe de la Table sont des buts d'excursion très prisés. La plus belle plage de l'île, **Grande Anse**, petite crique avec une pelouse sous les cocotiers, du sable blanc et le ressac, se trouve aussi sur cette côte déchiquetée près de Petite-Ile.

Port de St-Pierre.

Cirque de Salazie

Dans le Cirque de Salazie, le paysage est verdoyant à longueur d'année. Il pleut souvent dans ce cirque, le plus à l'est des trois, car les nuages qui viennent de la mer sont nombreux. Pendant l'été tropical, il arrive qu'il pleuve en 1 ou 2 jours autant qu'à Paris pendant toute une année. Le climat humide crée des conditions idéales pour la culture de fruits et légumes. Outre les bananes et les pêches, les citrouilles et les tomates, on remarque surtout le chouchou, sorte de légume en forme de poire grimpant et fourni qui est cultivé dans de petits jardins avec de simples tuteurs. Si les jardins se trouvent à proximité de cours d'eau, le chouchou n'est plus contrôlable : il s'accroche aux arbres et aux lignes électriques, s'étale et couvre tout d'un tapis vert.

Le trajet pour rejoindre le cirque emprunte une étroite route à travers la ravine

Hell-Bourg
P. 36 : Descente du Maïdo.

34

de la **Rivière du Mât**, longe des versants à la végétation luxuriante, passe devant la Cascade Blanche et la Cascade le Voile de la Mariée où il faut s'arrêter impérativement pour prendre des photos. La localité de **Salazie** n'est pas particulièrement intéressante et les touristes ne font en général qu'y passer lorsqu'ils se rendent dans les villages situés plus en hauteur de Hell-Bourg, Grand Ilet et Mare à Martin ou jusqu'au Col des Bœufs d'où l'on descend vers Mafate.

Hell-Bourg, au cœur du cirque, est un lieu apprécié des randonneurs et point de départ de nombreux circuits dans le cirque et jusqu'aux forêts tropicales voisines. Ce petit bourg s'enorgueillit d'être l'un des plus beaux villages de France. En raison de ses sources thermales et de sa situation en altitude, les riches planteurs et fonctionnaires de St-Denis y passaient les fins de semaine et les vacances au milieu du 19ème s. Pour fuir la chaleur humide en été, ils construisirent ici des résidences secondaires, de jolies petites villas qui, aujourd'hui encore, peuvent être admirées au cours d'un circuit à travers la localité (Circuit des cases créoles).

Cirque de Cilaos

Hell-Bourg a dû céder la place de station thermale à **Cilaos** où on a découvert également des sources thermales au 19ème s. Le problème était toutefois de rejoindre Cilaos. Les premiers visiteurs devaient s'y rendre à pied ou se faire porter en litière sur les sentiers muletiers. Il a fallu attendre jusqu'en 1932 avant que ne soit achevée la route à travers ce terrain impraticable. Pour le trajet de 35 km de long à travers des gorges étroites, un tunnel à une voie et 420 virages, il faut plus d'une heure. Le parcours est aventureux, mais fatigant et ceux qui ont la possibilité devraient prendre le car. On se place alors du côté droit pour admirer le paysage et on laisse le chauffeur s'occuper du reste.

Cilaos est une île sur l'île, une station revigorante isolée à 1200 m d'altitude, entourée de crêtes montagneuses de 2000 à 3000 m. Les thermes ont été rénovés dernièrement, un centre thermal propose des applications, des massages et tout un éventail de prestations. Cilaos se place sur l'échelle de popularité juste derrière la région volcanique en raison des loisirs proposés. Les amateurs de canyoning, d'escalade ainsi que les randonneurs envahissent les routes pendant les vacances et le week-end. De jolies maisons créoles, des restaurants et des petits magasins contribuent à créer l'atmosphère nécessaire.

Le Cirque de Cilaos est célèbre pour deux autres particularités : ses lentilles qui sont cultivées dans les champs des petits bourgs et îlets environnants, sont indispensables pour accompagner de nombreux plats de carry typiquement créoles, spécialité préférée des Réunionnais. Son vin, cultivé en général en petites quantités sur des pieds de vigne directement à côté des habitations, jouit d'un statut culte – pas comme vin de table, mais comme apéritif doux tout à fait acceptable.

Cirque de Mafate

Mafate – un mot magique pour tous ceux qui aiment La Réunion. Aucune route n'ayant été construite jusqu'à présent, les 800 personnes env. qui habitent ici doivent tout faire à pied, pour aller de village en village ou quitter le cirque pour se rendre sur la côte. Ils sont approvisionnés par voie aériennes grâce à un hélicoptère qui transporte dans les petits bourgs tout ce dont les habitants ont besoin – nourriture mais aussi matériaux de construction et meubles – dans de grands filets. Le cirque doit son nom à l'esclave légendaire **Mafate**. Ayant fui le service au front dans les plantations du littoral, il s'est caché longtemps dans cette zone déchiquetée et a fondé avec ses compagnons de fortune de petits bourgs dont certains existent encore aujourd'hui. Il a été capturé par Mussard, chasseur d'esclaves tout aussi célèbre. Beaucoup d'histoires mystérieuses circulent encore aujourd'hui sur d'autres esclaves en fuite dont les noms désignent de nombreux sommets et crêtes.

Un pourcentage important de la population actuelle de Mafate travaille pour l'ONF à l'entretien des chemins de randonnée, mais la plupart des habitants vivent du tourisme et plus particulièrement des randonneurs. Les gîtes et hébergements rustiques qu'ils gèrent, l'inoubliable carry préparé au feu de bois et le punch fait maison servi en apéritif, font le charme particulier d'un séjour à Mafate. Mieux vaut prévoir d'y rester deux nuits au moins. Les refuges sont ouverts à partir de 15 h, réservations par l'intermédiaire de la Maison de la Montagne ou directement par téléphone pour certains. Ceux qui n'attachent pas une grande importance au confort peuvent aussi passer la nuit avec un sac de couchage dans les campings ou les bivouacs indiqués.

Mafate : Accès et Sorties

Dans le nord

– Rivière des Galets/Deux Bras, transfert dans le lit de la rivière en 4x4, variante confortable
– Rivière des Galets/Deux Bras, montée ou descente depuis Dos d'Ane, itinéraire rarement emprunté, le chemin est escarpé et glissant

Dans l'est

– Col des Bœufs : col avec parking gardé et payant, point de départ le plus souvent choisi
– Col de Fourche : col à la transition vers Hell-Bourg dans le Cirque de Salazie
– Bord Martin/Sentier Scout : descente de Grand-Ilet/Le Bélier vers le Cirque de Salazie, un peu compliqué pour rejoindre le point de départ, mais très beau paysage
– Bord Martin/Sentier Augustave : descente depuis Le Bélier jusqu'à Aurère (se renseigner à la Maison de la Montagne pour savoir si praticable)

Dans le sud

Col du Taïbit : col à la transition vers le Cirque de Cilaos, itinéraire très souvent emprunté

Dans l'ouest

– Canalisation des Orangers : depuis Sans-Souci jusqu'aux îlets inférieurs, début difficile mais avec d'excellentes perspectives sans cesse changeantes sur le paysage
– Le Maïdo : descente la plus escarpée jusqu'au col La Brèche (cf. photo ci-contre)

Les hautes plaines et la forêt tropicale

La N 3 traverse l'île entre St-Benoît et St-Pierre et rejoint à partir de 1000 m d'altitude les hautes plaines qui s'étendent entre les chaînes montagneuses du Piton des Neiges et du Piton de la Fournaise. On est surpris par les images familières des régions de plaines d'Europe Centrale. Des prairies grasses, des pâturages clôturés, des agriculteurs avec des tracteurs, des étables et des troupeaux de vaches s'étendent ou évoluent entre les pitons autrefois en activité. Sur la **Plaine des Palmistes** et la **Plaine des Cafres**, on produit du lait qu'il est possible ensuite, après un important subventionnement, d'acheter au supermarché. Si on bifurque à La Plaine des Palmistes et qu'on monte encore un peu, on arrive aux vastes massifs boisés de la **Forêt de Bélouve** et de la **Forêt de Bébour** que l'on peut vraiment décrire comme des régions de forêt vierge et de forêt tropicale. Cette région est hermétique et impénétrable, pareille à un poumon vert dilaté. Il est possible de ne passer que par quelques routes forestières et les sentiers aménagés par les Eaux et Forêts.

Fougères arborescentes dans la forêt tropicale.

La région volcanique

Depuis la haute plaine près de **Bourg-Murat**, la Route du Volcan de 23 km de long bifurque et conduit d'abord par un paysage de prairies puis de bruyères toujours en montant jusqu'au désert aride de sable de la Plaine des Sables au Pas des Sables et, au bout, au Pas de Bellecombe. A 2000 bons m d'altitude, on se retrouve ici au plein cœur d'un paysage de lave. On traverse progressivement durant la montée l'histoire encore récente du **Piton de la Fournaise.** On remarque ici un phénomène tout particulier que les vulcanologues appellent »caldeira« ou, traduit un peu maladroitement, »faille annulaire« ou »dépression«. A quatre reprises jusqu'ici dans l'histoire de sa création, le fond du volcan s'est effondré de manière si brusque, à cause du vidage des chambres de magma, que des arêtes escarpées sont apparues sur les bords du cratère, appelées remparts. Ce processus est surtout bien visible sur le Rempart de Bellecombe. Un versant escarpé en forme de fer à cheval de plus de 100 m de haut entoure l'ancien sol du volcan au milieu duquel se dresse le cône actuel du Piton de la Fournaise. La plaine qui mesure 8 bons km de diamètre est apparue il y a presque 5000 ans. La »faille annulaire« au Pas de Sable où une étendue de sable et de savane, pareille à un paysage lunaire, entoure les versants du Rempart des Sables et du Rempart de la Rivière de l'Est, est un peu plus ancienne. Le sol s'est effondré ici il y a plus de 40 000 ans.

En haut sur le Piton de la Fournaise enfin, directement en bordure du cratère, l'arête est passée depuis la dernière grande éruption d'avril 2007 d'environ 50 m à 300 m aujourd'hui. Une cheminée profonde et conique s'est formée mais elle ne peut être actuellement observée que depuis un avion.

Piton de la Fournaise : l'une des nombreuses éruptions des dernières années.

Sentier panoramique à la lisière nord de Mafate

Cette courte boucle est parfaite pour se familiariser avec le climat, la végétation ainsi que les conditions de randonnée de La Réunion. Si, en outre, une traversée de Mafate est prévue les jours suivants, il est possible d'avoir un bon aperçu de la région d'ici en haut : le canyon de la Rivière des Galets avec des falaises de 900 m de haut, la Crête d'Aurère avec le Piton Cabris et la Crête de la Marianne, en face la falaise occidentale , presque verticale, du cirque avec un sillon s'étirant à l'horizontale, le Sentier de la Canalisation des Orangers dont vous ferez la connaissance dans l'itinéraire 40.

Départ : Parking du Cap Noir.
Arrivée : En voiture : Depuis la N 1, bifurquer direction Rivière des Galets et monter par la D 1 jusqu'à Dos d'Ane (15 km), prendre ici à droite le Chemin de Cap Noir et continuer jusqu'au bout de la route.
En car : Réseau Pastel, ligne 8a (Le Port – Dos d'Ane), jusqu'à l'arrêt Cap Noir, puis les 2 derniers kilomètres environ à pied ou en autostop pour retourner au point de départ.
Dénivelée : 210 m
Difficulté : Sentier muletier étroit, bien praticable, parfois glissant par temps de pluie. 2 passages escarpés avec cordes métalliques ; 4 petites échelles métalliques à franchir.
Restauration : Aucune en chemin, kiosque mobile le week-end sur le parking, boissons froides et chaudes.

La randonnée débute à gauche du **parking** à l'indication *Sentier Roche Verre Bouteille.* Derrière un panneau d'info, il se divise en deux branches. Prenez à droite le sentier qui descend, en sens inverse des aiguilles d'une montre, direction *vue panoramique.* Il longe toujours le rocher, avec un talus couvert d'une végétation typique de la forêt tropicale (bois de rempart, goyaviers, fleurs rouges et beaucoup d'autres). Un pavillon avec des bancs indique le plateau panoramique où vous faites halte pour admirer un magnifique panorama. Vous quittez cet emplacement et suivez le sentier un peu plus étroit jusqu'à une fourche où un autre sentier descend à droite à Ilet Nourry. Vous restez sur le chemin principal qui monte, franchissez quelques courts passages escarpés et d'autres un peu rocailleux mais bien sécurisés jusqu'à deux gros rochers pareils à des menhirs. Vous voilà arrivé à **La Roche Verre Bouteille.** Cette formation ressemble à un verre appuyé contre une bouteille.

Pour retourner au parking, escaladez d'abord un tronçon du *GR R2*, en direction de ce même

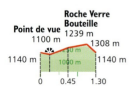

parking, puis montez pendant un instant. Depuis l'étroite crête suivante, vous avez alors la possibilité d'admirer encore une fois le fantastique panorama qui s'étend dans les deux directions : Mafate d'un côté, Dos d'Ane et Le Port de l'autre. Descendez finalement jusqu'à votre point de départ.

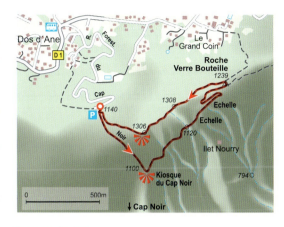

Sentier abrupt sur le versant nord de Mafate.

Le long de la côte nord escarpée de La Montagne

St-Denis situé au nord et St-Paul à l'ouest sont les deux principales localités de l'île. Séparées par La Montagne, elles ne sont accessibles que par des bateaux-navettes. En 1732, la construction d'une route pavée pour les chevaux et les bêtes de trait a permis de les relier par la voie terrestre également. En 1810, les Anglais, en lutte contre les Français, empruntent, lorsqu'ils débarquent, ce chemin pour prendre la ville de St-Denis par voie de terre. Le nom Chemin des Anglais rappelle cet événement. Une excursion en deux étapes (4 et 9 km) sur ce chemin permet une petite incursion dans l'histoire de La Réunion.

(St-Denis/Hôtel de Ville- Montagne 16ème), arrêt La Chaloupe à St-Bernard, derrière le terrain de foot (Stade).
Retour : Réseau Car jaune, ligne A, B, C, D (St-Pierre – St-Denis), arrêt Hôtel de Ville à La Possession.
Dénivelée : 340 m à la montée, 740 m à la descente.
Difficulté : Large chemin pavé pour calèches, bien praticable.
Remarque : Veiller à protéger suffisamment la tête et la nuque du soleil.
Restauration : Aucune en chemin. Plusieurs snack-bars et magasins à La Possession.

Départ : Arrêt de bus La Chaloupe à St-Bernard près de St-Denis.
Arrivée : En car : Réseau Citalis, ligne 21

Depuis **l'arrêt de bus** dans le sens de la marche, bifurquez au bout de quelques mètres dans le *Chemin de la grande chaloupe*. Vous descendez dans la vallée par la piste bétonnée, continuez après un pont étroit sur la droite par quelques fermes jusqu'à ce que vous découvriez, au bout de 10 bonnes mn,

Vue sur la Route Littoral.

le panneau *Chemin des Anglais*. Le large chemin sablonneux se termine
juste après à côté d'une porte à claire-voie en bois. C'est ici que commence
le **Chemin des Anglais**, large d'environ 3 m couvert de pavés de basalte taill-
lés en carrés et bordé de gros morceaux de basalte ou de murettes. Le paysage est aride, composé principalement de nombreux agaves (choca vert),
qui couvrent de grandes étendues. Des centaines de petites fleurs s'accrochent aux tiges, parfois hautes de 10 m, de cette plante, assurant de cette
manière sa prolifération. Vous découvrez aussi le bois noir, un acacia parasol. A la saison sèche, l'arbre perd rapidement ses feuilles ; ne restent accro-
chées que les longues cosses de couleur marron qui produisent, lorsque le
vent souffle, un bruissement inimitable qui vous accompagne jusqu'au bout
des deux étapes. Après environ 40 mn de descente constante, l'océan bleu
sous les yeux, vous arrivez au bord de la chaîne de montagnes avec, 250 m
en contrebas, la route côtière à
quatre voies, la Route Littoral.
Vous descendez en serpentant
jusqu'à **La Grande Chaloupe**,
ancien embarcadère de chalou-
pes (bateau navette). Ce lieu était
surtout une station intermédiaire

43

Le chemin des calèches tout près de la mer.

pour le transport de la canne à sucre dans l'histoire du chemin de fer à l'ère coloniale. Une gare restaurée avec une petite expo de photos, quelques vieux rails et une entrée de tunnel barrée par une grille en fer témoignent de cette époque. Ce n'est qu'en 1976 que le transport de voyageurs a été suspendu après la victoire définitive de la route sur le train par la construction de l'autoroute à quatre voies.

La deuxième étape après La Possession vous conduit par la route asphaltée à côté des rails jusqu'au panneau : La Possession vers RN 1. Le Chemin des Anglais recommence environ 15 mn après la gare, mais il monte cette fois. Cette étape s'étire un long moment par une savane plate et sans ombre avec des étendues d'herbe sèche, traverse en cours de route les vallées de la Ravine Petite Chaloupe et **Ravine Malheur**, jusqu'à ce que vous voyiez au loin pour la première fois, env. 1 h après avoir quitté la gare, Le Port et, au bout de 40 mn env., les premières maisons de **La Possession**. La 2ème étape se termine à nouveau à une porte à claire-voie en bois. Longez la route secondaire jusqu'à la *D 41*, puis continuez tout droit, parallèlement à l'autoroute jusqu'à l'entrée de La Possession. Après le pont, dirigez-vous vers le centre. Tournez à gauche avant l'église, passez devant l'Hôtel de Ville au bout de 300 m puis continuez, juste derrière, tout à côté de l'autoroute, jusqu'à l'arrêt de bus.

Bassins de baignade rafraîchissants et cascades dans la ravine de la Rivière Ste-Suzanne

La Rivière Ste-Suzanne doit franchir entre les zones de forêt tropicale jusqu'à la mer près de Ste-Suzanne une dénivelée de plus de 1000 m. Elle forme ce faisant une foule de cascades, de rapides et de bassins plus spectaculaires les uns que les autres. Les plus beaux, dans la partie inférieure du lit de la rivière, sont accessibles et offrent, notamment lorsque l'été est chaud, l'occasion de prendre un bain inoubliable et rafraîchissant.

Départ : Berge de la Rivière Ste-Suzanne.
Arrivée : En voiture : Depuis la N 2, bifurquer en direction de Ste-Suzanne, continuer à la sortie nord du village sur la droite par la D 51 jusqu'à Bagatelle, tourner ici dans le centre-bourg sur la gauche et monter en suivant le panneau *Route des Hautes*. Après env. 2 km sur un chemin rural asphalté, traverser la route à gauche dans un virage à droite, panneau : Bassin Bœuf. Se garer sur le chemin caillouteux quelques mètres plus loin à gauche. **En car :** Réseau Citalis, ligne 50 (Mairie Ste-Suzanne/Ringuet), arrêt Pointe Canal (Bassin Bœuf), depuis l'arrêt, encore 2 km env. à pied sur le chemin rural.
Dénivelée : 75 m.
Difficulté : Le chemin d'escalade sur la berge a été réaménagé, des sandales antidérapantes sont conseillées.
Remarque : La randonnée n'est conseillée qu'en période pluvieuse lorsque le niveau de la rivière est haut. Emporter le maillot de bain et le pique-nique ! Durée de marche globale avec crochets par les bassins : 1 h 45.

45

Bassin Nicole 320 m — Bassin du Bois 395 m — Bassin Nicole 320 m

250 m

0   0.35 1.00

Depuis le parking, commencez par descendre pendant quelques minutes sur le chemin empierré. 50 m environ avant d'arriver au lit de la rivière, un chemin indiqué par le panneau »Bassin Grondin« monte à droite en pente raide jusqu'à la via ferrata. Si vous continuez vers l'amont en longeant le versant, vous rejoignez les deux bassins supérieurs, accessibles par des crochets depuis le chemin principal. Tout en haut, le **Bassin du Bois**, un peu plus paisible, que vous pouvez gagner en 25 mn environ, en dessous le **Bassin Grondin** avec une cascade de 5 m de haut à peu près.

De retour à la route empierrée, vous arrivez en descendant à droite directement au lit de la **Rivière Ste-Suzanne**. Pendant les chauds mois d'été, cet endroit est très animé. A gauche, dans le sens d'écoulement, le lit s'achève après 50 m environ au bord de la pente à pic de la cascade dans le Bassin Nicole. Vous franchissez la rivière par le gué bétonné et vous distinguez dans le sous-bois, quelques mètres plus loin à droite, un sentier battu qui vous mène en 10 bonnes mn au **Bassin Bœuf.** Il n'y a aucun balisage. Avec un diamètre de presque 50 m, le Bassin Bœuf est la plus grande de ces cuvettes et l'on peut nager jusqu'à la cascade. De retour au gué, vous parcourez encore 200 bons m en direction de la route. La sortie raide vers le **Bassin Nicole** est mal indiquée, mais vous entendez nettement le mugissement de la cascade. Et ce n'est pas pour rien car c'est un large mur d'eau d'environ 20 m de haut dont il est possible également de s'approcher de très près !

Bassin Bœuf.

Pour les amateurs de jungle : une aventure dans la forêt tropicale dense

Le massif forestier de la commune Ste-Marie, appelé la Forêt des Fougères, s'étend sur 200 ha à environ 1500 m d'altitude. Ce circuit est l'un des plus rarement empruntés sur l'île, mais il recèle de vrais trésors ! Nulle part ailleurs la forêt tropicale n'est aussi dense et luxuriante – et donc aussi excitante pour les touristes d'Europe du Nord et d'Europe Centrale. De gros arbres déracinés par des cyclones bordent le chemin envahi de lichens et de fougères ; le terrain, recouvert d'un tapis moussu, est détrempé après des précipitations. La vue est limitée, mais d'autant plus belle en quelques endroits : sur la Rivière des Pluies jusque loin après St-Denis, sur le Cirque de Salazie et Roche Ecrite.

Départ : Parking au terminus de la route forestière dans la Forêt des Fougères.
Arrivée : En voiture : Depuis la N 1, bifurquer à Ste-Marie/centre, continuer juste après par la D 62 direction Bois Rouge, puis suivre toujours le panneau Forêt des Fougères/Beaumont pendant env. 12 km de montée jusqu'à l'aire de pique-nique. D'ici, continuer en biais à droite pendant env. 3 km sur la piste caillouteuse jusqu'à l'aire de rebroussement. Se garer ici. **En car :** Réseau Citalis, ligne 48 (Ste-Marie/ Hôtel de Ville-Piton Fougères), terminus : Piton Fougères à l'aire de pique-nique, les 3 derniers km env. à pied sur la route forestière jusqu'au point de départ.
Difficulté : Eviter si possible de porter des chaussures de randonnée neuves,

parce que la boue est inévitable. L'escalade par les troncs d'arbre est un peu fatigante.
Dénivelée : 590 m.
Remarque : Penser à emporter des provisions d'eau et partir tôt, le brouillard remonte en fin de matinée la pente depuis Salazie. Les tronçons dans le diagramme de dénivelée sont lissés. Le chemin présente en effet des montées et des descentes de 20 à 30 m dans la traversée des nombreux cours d'eau.
Variante : Arrivée en car, suivre le circuit jusqu'à la bifurcation vers Bé Cabot/Bé Massoune conformément à la description puis descendre jusqu'à Bé Cabot dans le Cirque de Salazie (voir itin. 26) et retourner en car via Grand Ilet et Salazie.
Restauration : Aucune.

Sur la petite **aire de rebroussement**, vous voyez à gauche à env. 50 bons m deux panneaux. Celui du bas, Bé Cabot/Salazie, indique le point final de votre circuit, celui du haut, la Plaine des Fougères, est votre point de départ.

Après un étroit pont en bois, vous pénétrez immédiatement dans la forêt tropicale, le balisage fait de *barres rouges* sur des arbres et des pierres est bientôt à peine visible. Impossible de se perdre toutefois, car il n'y a pas de passage à gauche et à droite du chemin principal et l'ONF le débroussaille régulièrement pour vous. Bien qu'il grimpe en permanence jusqu'au Piton des Fougères pendant les 2 h 30 qui suivent, vous devez monter et descendre à plusieurs reprises pour traverser de petits cours d'eau, parfois pleins, parfois asséchés. Vous devez tout aus-

Le longose dans le sous-bois.

si souvent monter sur des troncs d'arbres ou escalader à travers des trous dans les troncs. Là où ils constituaient un obstacle de taille, ils ont été sciés par l'ONF.

Au bout de 50 mn environ, vous arrivez à la pente qui descend vers la vallée de la Rivière des Pluies. Ignorez l'étroite ramification qui passe à droite et qui permettait jadis de descendre à la rivière. Vous restez sur le versant à gauche, vous pouvez parfois scruter déjà un peu vers

Baisser la tête !

en bas avant d'arriver, après 30 mn supplém., à une clairière couverte d'herbe (**point de vue**) avec un banc, une table et une balustrade en bois ainsi qu'un vaste panorama jusqu'à la mer et vers St-Denis.

15 mn plus tard, la ramification tourne à gauche vers la route forestière ; si vous voulez, vous pouvez prendre un raccourci ici, mais vous continuez tout droit. Vous devez franchir plusieurs ruisseaux et quelques passages difficiles d'escalade avec des racines et des cailloux lisses jusqu'à l'endroit où la ramification indique à gauche **Piton Plaine des Fougères**.

Je vous conseille de ne pas rater ce crochet de 45 mn aller/retour car, arrivé sur place, vous avez une superbe vue sur Roche Ecrite qui, par beau temps, semble à portée de main.

De retour à la bifurcation, prenez maintenant à droite le long du rempart, puis, après 20 mn, à gauche pour descendre vers la route forestière. Prenez ensuite à droite pour aborder au bout de quelques pas la descente vers Bé Cabot. Retour à l'aire de rebroussement par le chemin déjà connu.

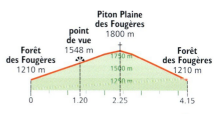

6 h 30

Ascension du sommet panoramique entre le Cirque de Mafate et le Cirque de Salazie

L'ascension de la Roche Ecrite compte parmi les grandes classiques d'un séjour à La Réunion. Sur le rocher nu au sommet, les randonneurs du monde entier laissent leur signature et autres gribouillis. La vue en bas sur le Cirque de Salazie et le Cirque de Mafate est unique en son genre. Vous pouvez vous reposer à mi-chemin au Gîte de la Plaine des Chicots, merveilleusement situé, avec trois cabanes couvertes de bardeaux et la cabane en bois du propriétaire avec un jardin et un enclos pour les animaux.

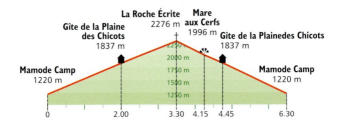

Départ : Parking de Camp Mamode.
Arrivée : En voiture : Depuis St-Denis, monter pendant environ 16 km sur la D 43 direction Bellepierre/Le Brûlé, à la sortie du village Le Brûlé continuer ensuite par le Chemin de la Roche Ecrite qui est asphalté jusqu'au bout de la route.
En car : Réseau Citalis, ligne 12 (St-Denis/Gare routière – Bassin Couderc), puis en taxi bus, ligne 12 a (Bassin Couderc – Au Banc), parcourir les trois derniers kilomètres parallèles au Chemin de la Roche Ecrite à pied sur un tronçon du GR R2 ou en autostop.
Difficulté : Sentier bien praticable. Bonne condition physique nécessaire.
Dénivelée : 1060 m.
Remarque : Le sommet disparaît habituellement dans les nuages à partir de

10 h. Partir donc suffisamment tôt. Dormir éventuellement au Gîte de la Plaine des Chicots, réserver auprès de la Maison de la Montagne ou directement au gîte (✆ 0262-43 99 84).
Restauration/Hébergement : Au Gîte de la Plaine des Chicots, logis et repas sur réservation, point d'eau accessible à tout le monde.
Variante : Il est possible de rallonger l'excursion pour faire une randonnée de deux jours : montée jusqu'au gîte, y dormir, ascension du sommet, puis descente par la route de Salazie jusqu'à la départementale entre Grand-Ilet et Mare à Martin, retour en car (lignes 81 et 82) à Salazie puis continuer vers St-André/St-Denis, dernier car depuis Salazie sur la côte à 16 h 40.

Vue depuis le sommet du Grand Sable.
P. 45 : Ascension du sommet.

Depuis le nouveau parking réaménagé au **Camp Mamode**, suivez à droite le panneau *Plaine des Chicots* et *Roche Ecrite* – montée d'environ 10 km. L'itinéraire est indiqué par des traits blancs et rouges sur des arbres. Dans la forêt ombragée de cryptomérias, vous passez d'abord devant de nombreuses aires de barbecue et pique-nique couvertes. Le sentier monte très modérément sur le versant ; la forêt de cryptomérias est remplacée progressivement par une végétation tropicale : tamarins aux usnées barbues, fougères parasol, fleurs jaunes et bringelliers forment un mélange unique de plantes complété encore, un peu plus haut, par les calumets.

Laissez à gauche la ramification après 90 mn de marche direction *Bois de Nèfles*. Après la clairière du Gîte de la Plaine des Chicots, vous continuez à monter et vous remarquez bientôt que la végétation commence à se faire rare. Fourrés de bruyère et genêts alternent avec de vastes étendues herbeuses tandis que le sol est recouvert de grandes dalles de lave : vous traversez

Au Gîte de la Plaine des Chicots.

la **Plaine des Chicots**. Ignorez les ramifications suivantes vers *La Brétagne*, *Caverne Soldat* et *Salazie* puis continuez à monter tout droit jusqu'au sommet. **La Roche Ecrite** est atteinte et vous avez une vue magnifique à 1000 m d'altitude vers Grand-Ilet et Mare à Martin en bas dans le Cirque de Salazie à gauche, mais aussi en direction du Cirque de Mafate à droite avec, entre les deux la crête du Cimendef et Piton Bémale. (N'oubliez pas avant de partir d'écrire en vitesse votre nom sur le rocher !).

Dans la descente, faites un crochet à droite par **Mare aux Cerfs**. Le sentier vous conduit encore jusqu'à un point de vue sur Mafate. Ce lieu doit son nom aux cerfs qui ont été introduits ici vers 1900 mais qui ne se montrent normalement que la nuit.

De retour au gîte, prenez, pour descendre au parking, le même itinéraire qu'à l'aller, désormais indiqué avec loc panncaux Mamode et Camp Brûlé.

Promenade à travers un paysage culturel dans les zones marécageuses de l'Etang St-Paul

La ballade passe par l'un des plus anciens paysages culturels de l'île à l'Etang St-Paul. Là, à l'époque où l'étang était encore rempli d'eau, les premiers colons s'installèrent sur l'île. Aujourd'hui, le bassin est devenu marécageux, créant ainsi un espace où se développe une flore très particulière que l'on découvre dans ce circuit. Le chemin asphalté, le Tour des Roches, est aussi emprunté par les voitures, les VTT et les scooters.

Départ : Eglise de Savannah sur la D 4.
Arrivée : En voiture : Depuis la N1, bifurquer vers Etang de St-Paul, continuer ensuite direction Bois de Nèfles sous le pont autoroutier, vers Savannah, passer devant le supermarché Jumbo avant de se garer enfin 200 m plus loin environ près de *l'ancienne sucrerie* en ruine.**En car :** Réseau Pastel, ligne 4 (St-Paul/ Gare routière – Eglise de Savannah), arrêt Eglise, ou ligne 8a (St-Paul – Sans Sou-

ci), arrêt Supermarché Jumbo.
Dénivelée : 15 m à la montée, 35 m à la descente.
Difficulté : Promenade facile sans problème particulier.
Remarque : Retour à la voiture au point de départ en car, ligne 4 ou 8a, de la manière décrite ou à pied par St-Paul jusqu'à Savannah.
Curiosités : En chemin : le Moulin à Eau, une vieille roue hydraulique et un étang lavoir. En fin d'excursion : marché forain, marché sur la promenade le long de l'étang St-Paul, vendredi toute la journée, en matinée seulement le samedi.
Restauration : Buvettes au marché de St-Paul ainsi que petits magasins en chemin.

Savannah	Moulin à Eau	Bassin Pigeons	St-Paul/Gare
28 m	43 m	30 m	8 m
0	0.45	2.00	2.30

La randonnée débute à **l'église** de **Savannah**, passe d'abord devant des champs de cannes à sucre jusqu'à quelques baraques rudimentaires en tôle ondulée dont les habitants ont fait de la route leur espace vital. Le **Moulin à Eau**, ancienne roue de moulin avec un petit bassin de retenue à côté de la route, est le point de rencontre de nombreux adolescents et enfants après l'école. C'est ici que commence une partie intéressante de l'itinéraire. Des ruisseaux coulent parallèlement à la route, les berges sont bordées de grands taros avec, entre, des sous-arbrisseaux de conflort aux fleurs rouges. La jacinthe d'eau, qui flotte librement, recouvre en certains endroits la surface de l'eau presque entièrement. Elle possède le pouvoir de purifier l'eau polluée. Au bout de 20 mn de marche depuis l'ancien moulin, vous faites un petit crochet sur la droite, et franchissez une passerelle en bois pour pénétrer dans le marécage. Le papyrus qui pousse ici et peut atteindre 4 m de haut, était employé en Egypte pour fabriquer le papier et les bateaux, mais à la Réunion il est uniquement utilisé dans la décoration.

En cours de route en direction du chemin principal, vous passez devant des jardins avec des manguiers séculaires, des bananeraies et des plantations de cocotiers. Vous traversez les petits bourgs de Bouillon ainsi que Grande Fontaine tandis que les enclos pour poules et autres volailles alternent avec les volières abritant des perruches, les chèvreries et les maisons rudimentaires ; les anolis sont assis sur des pierres en bordure de la route.

Plantations de cocotiers sur le chemin.

Traversez tout droit devant vous la grand-route qui monte à gauche vers Bois Rouge et à droite, après le pont, jusqu'à St-Paul/Centre, vers le Chemin Bernica jusqu'à la rampe qui conduit à la très fréquentée D 6 vers St-Gilles les Hauts. Avant de rejoindre St-Paul par cette route, en passant sous l'autoroute, faites encore un détour à gauche par la **Ravine Bernica**. Pas d'indication ; le chemin n'est pas entretenu. Ce détour d'une demi-heure vous mène dans l'étroit ravin jusqu'à un petit plateau depuis lequel vous pouvez voir en bas le **Bassin Pigeons**. Le lac est entièrement entouré de hautes falaises et recouvert de lentilles d'eau. Son nom lui vient des nombreux pigeons qui vivent dans de petites niches. A l'entrée de **St-Paul**, bifurquez à droite dans la N 1a pour rejoindre au bout de 200 m la gare.

Plaisir aquatique dans les canaux de St-Gilles

L'eau claire comme du cristal venant des zones de haute futaie en dessous du Maïdo est utilisée pour alimenter en eau potable la région côtière de St-Gilles les Bains. Un peu en contrebas de St-Gilles les Hauts, dans la Ravine St-Gilles, l'eau est captée, dirigée dans les canaux plats puis acheminée le long du versant avant de disparaître dans des tuyaux en acier qui la conduisent dans la vallée où elle est traitée. La randonnée longe ces canaux jusqu'à deux bassins extraordinaires où l'on peut se baigner. Il faut soit se tenir en équilibre sur le bord en maçonnerie des canaux, soit marcher directement dans le cours d'eau dont le niveau ne dépasse pas les mollets. Point culminant de l'excursion : les tronçons menant au Bassin Malheur qui passent par trois tunnels de 20, 30 et 15 m de long et un étroit ravin à travers lequel le canal se force un passage.

Départ : Portail en acier vert dans une clôture trouée sur la D 10.
Arrivée : En voiture : Depuis la N 1, bifurquer près de St-Gilles les Bains vers le Grand Fond/St-Gilles les Hauts dans la D 10, après environ 2,5 km, 500 bons m après l'entrée du théâtre de plein air, se garer à droite, à côté de la clôture ou 100 m plus loin env. avant le long virage à droite sur le parking du côté gauche. **En car :** Réseau Pastel, ligne 6.3 (St-Gilles les Bains – Saline les Hauts), arrêt Cormoran.
Dénivelée : 85 m.
Difficulté : Des sandales antidérapan-

tes et des shorts de bain sont recommandés ainsi qu'une lampe de poche pour traverser les tunnels.
Curiosités : Village artisanal d'Eperon, artisanat et ateliers sur le terrain d'une ancienne sucrerie à L'Eperon sur la D 10, un peu en contrebas de St-Gilles les Hauts ; aquarium à St-Gilles les Bains.
Restauration : Aucune en chemin.
Remarque : L'accès au Bassin Cormoran (pêche) – descente sinueuse d'environ 10 mn à droite depuis la passerelle bétonnée – est malheureusement complètement envahi par la végétation.

A côté du portail en acier, vous devez vous glisser dans un trou dans la clôture et passer à droite d'une petite maison abandonnée ; derrière, le sentier se divise en deux branches. A gauche, montée dans le canal supérieur jusqu'au Bassin Malheur, à droite descente au canal qui mène au Bassin des Aigrettes et au Bassin Cormoran. Descendez pour commencer 10 bonnes mn

jusqu'au canal du bas dans un bois charmant et franchissez-le par une petite passerelle en béton. Lorsque vous prenez maintenant à gauche, vous arrivez après 10 mn au **Bassin des Aigrettes** en longeant la paroi en maçonnerie du canal. Possibilité de prendre un bain frais au milieu de petites cascades. Pour le retour, reprenez le même chemin jusqu'à la bifurcation en haut puis suivez l'itinéraire longeant le canal supérieur jusqu'au Bassin Malheur, partie la plus divertissante de votre excursion. Vous devez contourner encore une porte grillagée en cours de route, soit sur le côté, soit par en dessous. Arrivé au bout, vous êtes accueilli par un bassin d'un magnifique bleu profond, le

Bassin Malheur. De jeunes garçons des environs sautent depuis les rochers en saillie de 5 m de haut dans l'eau claire et attendent les spectateurs. L'effet bleu est le résultat de la réverbération du soleil sur les pentes sous-marines couvertes de mousses du bassin. Retour à la route par le même itinéraire.

Exercice d'équilibriste en bordure du canal.

A travers le Bois de Sans-Souci jusqu'au Rempart de Mafate

Dans la région de la haute forêt de Sans-Souci, l'ONF a aménagé et balisé toute une série de chemins forestiers pour permettre aux visiteurs de l'ouest de l'île de parvenir par plusieurs variantes au bord du bassin de Mafate. La randonnée suit ce balisage jusqu'au plateau panoramique La Terrasse, depuis lequel il est possible de voir jusqu'à Grand-Place et au-delà jusqu'au Cap Noir. Le joli petit plateau Ilet Alcide se trouve tout près, à l'abri

dans une dépression. Une petite cabane/abri couvert de paille, quelques tables en bois avec des bancs, deux petits plans d'eau et le silence : une aire de repos idéale.

Départ : Parking au bout de la route forestière Route des Cryptomérias.

Arrivée : En car : Monter jusqu'au Maïdo de la manière décrite dans l'itinéraire 9 via Le Guillaume, rouler un peu plus de 6 km à partir de la sortie du village, puis tourner à gauche dans la Route des cryptomérias, panneau : Ilet Alcide. 5 km jusqu'au bout de cette piste cahoteuse.

Dénivelée : 410 m.

Difficulté : Chemin de forêt bien praticable, un peu glissant dans la forêt tropicale humide.

Restauration : Aucune possibilité en chemin, snack-bars seulement sur la route menant au Maïdo.

Curiosités : A la sortie du bourg La Petit France, environ 3 km en contrebas de la ramification vers le chemin forestier, distillerie de géraniums avec magasin.

Variante : Arrivée en car : Descendre au terminus Sentier de Maïdo, suivre la montée vers Roche Plate pendant 10 mn, puis prendre à gauche le long du Rempart de Mafate jusqu'à Ilet d'Alcide. Le chemin a été réaménagé et balisé avec des pieux en bois verts, durée : env. 5 h aller/retour. Il est possible également de faire le circuit par la Route des Cryptomérias jusqu'à la grand-route au Maïdo puis d'y reprendre le car.

La Terrasse.

Juste avant d'arriver au **parking**, vous voyez à droite, 50 m derrière un pont avec une balustrade blanche, le départ de votre circuit, balisé au moyen de pieux en bois avec une tête bleue. Vous vous garez toutefois au bout de la route et vous retournez sur vos pas jusqu'ici (10 mn env.). La montée est aisée par une forêt de cryptomérias ombragée, dans le sous-bois de longoses à fleurs jaunes. Vous passez par une clairière de fougères éclaircie par un incendie avant de plonger dans la haute futaie d'arbres tropicaux et de tamarins. Au bout de 50 bonnes mn, vous arrivez à la première fourche. La branche de droite mène à la *Route forestière Omega*, mais vous suivez à gauche l'indication Ilet Alcide. A partir d'ici, montée et descente peu fatigantes à travers de petites ravines jusqu'à la fourche suivante qui ramène à gauche à la Route des Cryptomérias. Vous bifurquerez ici plus tard. Les pieux en bois sont maintenant peints en jaune. 10 mn plus tard, vous arrivez à un carrefour où le chemin de gauche mène directement à Ilet Alcide, tandis qu'à droite commence un circuit baptisé *Contournement à mont d'alcide*, dans lequel vous vous engagez. Une autre ramification à droite conduit au *Sentier Rempart Maïdo* avec des pieux en bois tachetés de vert. Vous descendez par ce contournement escarpé et vous arrivez 10 mn plus tard à **La Terrasse** : directement sur la pente, une prairie d'un vert nourri avec un vieux tamarin au milieu et une vue merveilleuse sur Mafate.

Le circuit continue par une autre descente de 15 mn sur un sol un peu glissant entre des buissons de goyaviers jusqu'au plateau d'**Ilet Alcide**. Derrière la cabane, le Sentier d'Affouche gravit un peu la pente et retourne en cercle au point de départ du circuit. De là, prenez le chemin du retour. Traversez la forêt, d'abord à droite sur le chemin familier de l'aller, et bifurquez juste après encore à droite, vers *RF Cryptoméria*. Les pieux en bois sont maintenant rayés de blanc et bleu. Après 20 mn, une autre curiosité : un vieux tamarin de 400 ans, haut de 19 m avec un diamètre de 1,5 m. Il a résisté à tous les cyclones ! Retraversez les ruisseaux de nombreuses ravines jusqu'au point de départ.

Ilet Alcide.

Du point de vue Le Maïdo jusqu'au deuxième sommet le plus haut de l'île

La Roche Ecrite au nord, Le Grand Bénare au sud : les deux sommets classiques autour du Piton des Neiges. Depuis le Grand Bénare, vue sur le Cirque de Mafate et le Cirque de Cilaos jusque très loin à leurs limites. Les deux sont séparés par la crête Les Trois Salazes qui s'achève en face au massif du Gros Morne.

Départ : Parking au plateau panoramique Le Maïdo.
Arrivée : En voiture : Sur la N 1, depuis St-Paul direction St-Gilles les Hauts puis bifurquer vers Fleurimont et Le Gauillaume, de là suivre les panneaux Le Maïdo, à partir de St-Paul environ 27 km de route. **En car** : Réseau Pastel (St-Paul/ Gare routière – Le Maïdo), ligne 2, terminus. De là, faire les 3 derniers km jus-

qu'au Maïdo en autostop ou à pied d'abord 10 mn par le Sentier Roche Plate (voir itin. 40) puis à droite par le sentier balisé en vert jusqu'au point de départ (30 mn environ).
Dénivelée : 790 m.
Difficulté : Dans la partie inférieure, chemins larges, le long du Rempart sentier étroit sur des pierres de lave parfois tranchantes. Attention à la pente à pic pour

Au Rempart de Mafate, le sommet à l'arrière-plan.

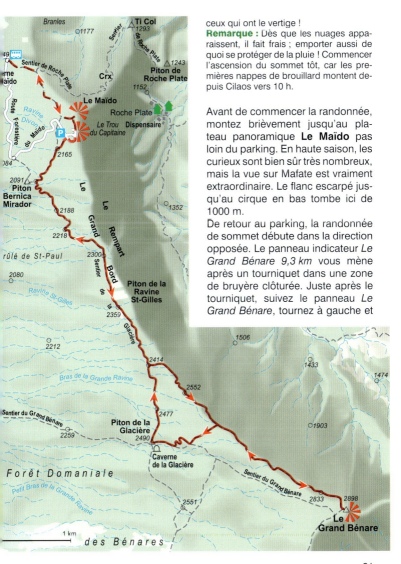

ceux qui ont le vertige !

Remarque : Dès que les nuages apparaissent, il fait frais ; emporter aussi de quoi se protéger de la pluie ! Commencer l'ascension du sommet tôt, car les premières nappes de brouillard montent depuis Cilaos vers 10 h.

Avant de commencer la randonnée, montez brièvement jusqu'au plateau panoramique **Le Maïdo** pas loin du parking. En haute saison, les curieux sont bien sûr très nombreux, mais la vue sur Mafate est vraiment extraordinaire. Le flanc escarpé jusqu'au cirque en bas tombe ici de 1000 m.

De retour au parking, la randonnée de sommet débute dans la direction opposée. Le panneau indicateur *Le Grand Bénare 9,3 km* vous mène après un tourniquet dans une zone de bruyère clôturée. Juste après le tourniquet, suivez le panneau *Le Grand Bénare*, tournez à gauche et

Vue sur le Piton des Neiges.

montez pour rejoindre aussi vite que possible le versant escarpé du cirque. Il est possible aussi de rester sur le large chemin empierré qui commence par descendre un peu pour y arriver finalement au bout d'environ 1 h 30 de marche. Vous traversez une végétation basse de tamarins, de genêts et de fleurs jaunes jusqu'au Rempart de Mafate duquel vous avez une vue plongeante sur le vieux cratère. Les îlets de La Nouvelle, Marla et Roche Plate sont reconnaissables ainsi que le canyon de la Rivière des Galets et le plateau Kerval. Vous montez en permanence sur cette arête. La végétation devient rare avec uniquement de la bruyère. Vous devez vous concentrer pendant la marche et ne pas trop dévier du chemin. Les panneaux *Danger! Failles profondes* ne sont pas là pour rien. Le sommet du **Grand Bénare** s'annonce de loin par un pylône d'antenne, mais c'est la croix blanche sur la cime, aussi haute qu'un homme, qui marque le point culminant.

Pour le retour, prenez le même chemin, 45 mn environ jusqu'à la ramification *La Glacière*. Après une descente sinueuse à gauche à travers quelques petites vallées de lave et des cours d'eau asséchés, vous arrivez ensuite au carrefour de **La Glacière** dans ce paysage inhospitalier avec quelques tables et un panneau d'information. La fine couche de glace qui se forme à la surface des bassins du petit ruisseau Grande Ravine était recueillie au 19ème siècle puis stockée dans des grands puits en maçonnerie (4 m de profondeur et 3 m de large). **La**

Le Grand Bénare
2898 m

Le Maïdo
2185 m

La Glacière
2490 m

Le Maïdo
2185 m

2750 m
2500 m
2250 m

0   3.15   4.45   6.15

Caverne de la Glacière était pour ainsi dire un réfrigérateur naturel. Les rafraîchissements étant toutefois demandés sur la côte, la glace était ainsi descendue dans des cuves jusqu'à St-Paul en fonction des besoins. Ces trois puits dans une niche rocheuse existent encore.

Suivez ensuite le panneau indiquant *Le Maïdo* jusqu'au chemin principal puis, de là, retournez par le même chemin que celui de l'aller.

Vue en bas sur le Cirque de Mafate.

A 1800 m d'altitude à travers la haute futaie de Tévelave

L'île est entourée, à 1200 – 2000 m d'altitude, d'une centure de bois de tama-
rins typique de La Réunion. Les arbres peuvent faire jusqu'à 20 m de haut, le
diamètre des troncs jusqu'à 1,5 m. Le feuillage, les branches et les racines
produisent un humus particulièrement riche dont se nourrissent les fourrés de
fougères, les fougères arborescentes et les calumets dans le sous-bois. Le
circuit par la haute futaie de Tévelave traverse cet ouvrage naturel, au début à
travers des bois sains puis, à la fin, par une zone de 2500 ha qui est reboisée
peu à peu depuis l'incendie de 1986. Les indications Sentier des Tamarins sont
bien visibles et accompagnent le randonneur sur l'ensemble de l'itinéraire.

Départ : Depuis le parking au Camp
du Tévelave.
Arrivée : En voiture : Depuis la N 1,
bifurquer vers Les Aviron/Tévelave,
gravir la départementale pendant env.
10 km jusqu'à Tévelave, traverser le
bourg et monter pendant 10 km sur la
route forestière bétonnée puis se garer, 200 m avant la borne »Tévelave
10 km (RF 6)« sur le parking.
Dénivelée : 350 m.
Difficulté : Promenade facile en forêt sur un étroit sentier battu et de larges chemins forestiers.
Restauration : Aucune en chemin,
snack-bars avec vente de boissons à
Tévelave.

Depuis le parking, montez en biais à droite en suivant l'indication *Sentier des*
Tamarins qui bifurque à gauche 5 mn plus tard. Dans une bonne heure, vous
emprunterez cette direction. Continuez d'abord tout droit et faites un détour
par le **Point de vue sur Les Makes**. Le circuit est bien balisé et vous mène en
30 mn à un petit plateau avec vue sur la plaine Les Makes.
Le court passage suivant touche une petite zone de forêt tropicale avant d'arriver à nouveau à la bifurcation. Vous montez ensuite à droite par le **Sentier**
des Tamarins, par le plus beau tronçon pour commencer dans la forêt
inondée de soleil et odorante. Les troncs des jeunes tamarins sont pliés par le
vent et certains touchent presque le sol. Vous montez par de petites boucles jusqu'à ce que vous tombiez après 30 mn environ sur un chemin à travers champs. Les panneaux vous guident à gauche pendant environ 300 m

Dans la forêt de tamarins.

sur ce chemin après le virage puis à droite pour grimper dans la forêt. Immédiatement après à la bifurcation, prenez à gauche et montez. A partir d'ici, vous entrez progressivement dans la rase campagne. Le spectacle est bizarre : des tamarins jeunes et fraîchement plantés, de l'herbe de savane avec, entre, de minces »cure-dents« calcinés, restes de troncs de l'incendie de 1986. Après 20 bonnes mn, vous retrouvez le chemin à travers champs que vous suivez à droite pendant env. 400 m, avant de vous diriger cette fois sur la gauche. Vous traversez la Ravine Calumet, croisez encore une fois le chemin avant de suivre finalement le sentier qui descend jusqu'à une piste herbeuse plus large. Une fois là, tournez brusquement à gauche pour rejoindre en quelques pas la clôture que vous franchissez au moyen d'une échelle. Vous tournez à gauche dans la piste forestière bétonnée et vous arrivez au parking au bout de 2 km environ.

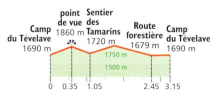

Randonnée sur les hauteurs avec des vues plongeantes vertigineuses

Le circuit longe la bordure occidentale du Cirque de Cilaos. Depuis le flanc escarpé, qui s'étire vers le nord jusqu'au Grand Bénare, on peut voir loin dans le cirque. Les voitures ressemblent à des jouets miniatures sur la route très sinueuse qui monte vers Cilaos. On entend le mugissement du Bras de Cilaos, tandis que le Plateau d'Ilet à Cordes avec, en face, la croupe montagneuse du Dimitile sont visibles.

Départ : Parking sur la Route forestière des Makes.

Arrivée : En voiture : Depuis la N 1, bifurquer près de Bel Air/St-Louis, avant l'entrée du village St-Louis, suivre en montant le panneau Observatoire astronomique des Makes sur la D 20 pendant 10 km. Dans le bourg, tourner à l'église à droite direction La Fenêtre des Makes jusqu'au bout de la D 20 puis monter pendant environ 2 km par la route forestière bétonnée et se garer après un virage à droite en bordure de route.

Dénivelée : 480 m.

Difficulté : Promenade facile au départ dans une zone boisée, sentier étroit sur la crête au Piton Cabris avec quelques passages escarpés.

Remarque : Partir avant 7 h du matin car Les Makes est l'une des régions les plus nuageuses de l'île.

Restauration : Aucune en chemin, petit snack-bar sur la D 20, 2 km avant le point de départ.

Descendez du parking par la route forestière à droite où débute le *Sentier de la Plaine du Bois de Nèfles*. Vous flânez à travers une allée de sous-arbrisseaux de jacinthes et descendez jusqu'au lit du ruisseau **Bras Patate** avec de belles vues sur la plaine Les Makes. Quelques cyprès sont disséminés ci et là rappellant certains clichés connus de la Toscane. La première ramification sur la gauche conduit directement à La Fenêtre. Vous continuez toutefois tout droit vers *Les Canaux*, fran-

Sur le versant escarpé du Cirque de Cilaos.

chissez le petit Bras Patate, remontez de l'autre côté puis bifurquez juste après à gauche. Montez alors direction Le Tapage, et ne continuez pas tout droit vers Les Canaux. Au bout de 20 mn de marche, vous arrivez au Bois de Nèfles (forêt de cryptomérias) avec, en plein milieu, une aire de pique-nique ombragée où vous bifurquez à gauche vers La Fenêtre par **Piton Cabris**. Après 25 mn de marche supplémentaires, vous parvenez au flanc escarpé : ici la première »fenêtre« avec vue sur le bourg Le Petit Serre, où la route et la rivière se forcent un passage à travers un goulot étroit jusqu'au cirque. Vous restez dans la forêt et vous arrivez bientôt au Piton Cabris (ne pas confondre avec le Piton Cabris à Mafate), marqué de façon peu spectaculaire uniquement par un banc et un toit puis vous rejoignez, après une courte descente escarpée sur la crête, le sommet du Bras Patate, une petite plaine avec un garde-corps en bois à la limite abrupte du cirque. La vue sur cette partie de l'itinéraire est fantastique. Depuis le plateau, descendez à gauche pour retourner directement dans la vallée du Bras Patate ; si vous voulez prendre un raccourci, vous pouvez choisir cette variante, mais le chemin le long du garde-corps qui monte ensuite à gauche en pente escarpée jusqu'au point de vue **La Fenêtre** est plus intéressant. Marchez encore 30 mn, passez devant une antenne et vous voilà à destination. Le point de vue marque la fin de la route forestière, juste à côté d'une aire de pique-nique très fréquentée.

Pour le retour, descendez d'abord par la route forestière (10 mn environ), passez devant une citerne puis, juste après, vous rejoignez à droite en bas le *Sentier du contrefort de la scierie*. Descendez ensuite pendant environ 15 mn sur la pente, puis tournez à gauche dans la piste caillouteuse jusqu'à votre route forestière bétonnée. Il vous reste encore 20 mn jusqu'à la voiture.

A la découverte de nombreux arbres tropicaux sur un petit circuit

La petite futaie Bois de Bon Accueil près des Makes a été pendant longtemps la patrie des lémuriens. Le maki, son autre nom, a été chassé par les braconniers et a disparu aujourd'hui. Il reste la forêt avec ses bois tropicaux variés. Comme en de nombreux autres endroits de l'île, les communes et l'ONF ont aménagé des sentiers didactiques avec des informations et des pancartes sur les plantes endémiques. La Découverte est l'un des circuits dans cette forêt, le Sentier d'interprétation en est un autre.

Départ : Aire de loisirs Les Platanes à la lisière des Makes.
Arrivée : En voiture : Arrivée aux Makes (description itin. 11), prendre à gauche de l'église le Chemin de Bon Accueil, monter environ 1 km sur une route bétonnée jusqu'à l'aire de loisirs Les Platanes et s'y garer. **En car :** Réseau Semitel (St-Louis/ Centre d'échange – Les Makes) ligne 24, arrêt Eglise, dernier km à pied jusqu'à l'aire de loisirs.

Dénivelée : 320 m.
Difficulté : Chemin de forêt simple, un peu glissant au milieu.
Curiosités : L'Observatoire astronomique, le plus important de l'Océan Indien à la sortie supérieure des Makes, réservation nécessaire pour séances nocturnes (℃ 0262-37 86 83).
Restauration : Dans le centre des Makes bar avec boissons, mais rien sinon en chemin.

Le Bois de Bon Accueil.

Il est impossible de ne pas remarquer l'aire de loisirs **Les Platanes** avec son allée de hauts platanes, ses pelouses, son terrain de boule, ses toilettes et ses jardins en terrasse. De là, suivez à droite, si vous arrivez de la route d'accès, le panneau *Sentier d'inter-*

prétation. Vous marchez alors sur un chemin rural bétonné qui passe devant des champs de légumes où poussent tomates, concombres et courgettes avant de se terminer à la lisière de la forêt. Une pancarte vous renseigne ici sur les divers bois tropicaux que vous allez pouvoir découvrir maintenant dans le circuit qui suit. Vous restez sur le chemin sablonneux qui prolonge la route bétonnée, d'abord en suivant le panneau *Sentier d'interprétation* puis, juste après, le panneau suivant *la Découverte*, nom du chemin que vous prenez maintenant. Passez devant deux grandes citernes encastrées dans le sol et, un peu plus loin, prenez à la bifurcation sur la droite, vers le *Sentier d'interprétation*. Vous pouvez si vous voulez faire ce circuit d'env. 30 mn ; mais vous restez sur le chemin à travers champs qui grimpe en serpentant.

Après 15 mn de marche, vous arrivez au réservoir d'eau circulaire bétonné. Derrière, l'étroit sentier La Découverte s'enfonce à droite dans la forêt dense. La ramification suivante à droite n'est pas balisée, mais vous continuez tout droit sur le chemin principal. 30 mn plus tard, vous arrivez au point de vue. Un coup d'œil sur **La Plaine des Makes** jusqu'en bas vers St-Louis est possible d'ici. Le chemin, toujours étroit, mais bien praticable, monte encore légèrement. Après une petite clairière tout en haut avec des fourrés de fougères, vous tournez et commencez à descendre en laissant sur la droite la rami-

fication qui mène au *Sentier intérieur raccourci – 600 m,* que vous ignorez. Vous passez ensuite devant des tuyaux et par un étroit pont suspendu aménagé pour les canalisations. Le panneau d'avertissement indique qu'elle peut supporter également 2 personnes maximum. Ignorez aussi la ramification *Déviation 100 pas*, chemin transversal à gauche et la ramification suivante à droite, *Sentier malbar mort* jusqu'au Bras du Malbar Mort. Vous arrivez au chemin sablonneux et retournez par la gauche au chemin bétonné et à **l'aire de loisirs**.

Des cascades mugissantes dans la Rivière des Roches

La Rivière des Roches qui charrie beaucoup d'eau même pendant les mois d'hiver secs est par conséquent un but très prisé pour la promenade dominicale. La »rando-aqua« est un sport populaire pratiqué entre Bassin la Mer et Bassin la Paix.

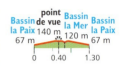

Habillé d'une combinaison néoprène, d'un casque et d'un gilet de sauvetage, il est possible de faire une excitante randonnée aquatique à travers les bassins, les rapides et les petites cascades directement dans le lit de la rivière.

Départ : Parking à l'aire de pique-nique du Bassin la Paix.

Arrivée : En voiture : Depuis la N 2, prendre à hauteur du Bras Panon, la ramification *la Paix*/*Beauvallon*, tourner à Beauvallon dans le Chemin la Paix puis monter 4 km environ à travers des champs de

canne à sucre jusqu'à l'aire de pique-nique.

Dénivelée : 120 m.

Difficulté : Sentier un peu glissant et couvert de racines seulement dans la zone du Bassin la Mer.

Remarque : Emporter maillot de bain et

Bassin la Mer.

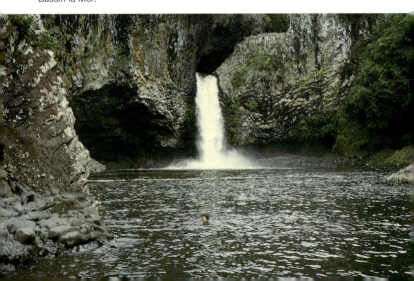

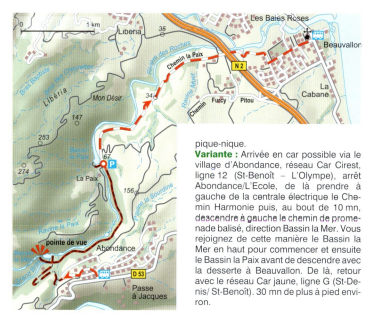

pique-nique.

Variante : Arrivée en car possible via le village d'Abondance, réseau Car Cirest, ligne 12 (St-Benoît – L'Olympe), arrêt Abondance/L'Ecole, de là prendre à gauche de la centrale électrique le Chemin Harmonie puis, au bout de 10 mn, descendre à gauche le chemin de promenade balisé, direction Bassin la Mer. Vous rejoignez de cette manière le Bassin la Mer en haut pour commencer et ensuite le Bassin la Paix avant de descendre avec la desserte à Beauvallon. De là, retour avec le réseau Car jaune, ligne G (St-Denis/ St-Benoît). 30 mn de plus à pied environ.

Le bassin inférieur, **Bassin la Paix**, n'est malheureusement visible que d'en haut ; l'accès au bassin n'est pas praticable. Vous faites par contre un petit détour par le pont et vous jetez un œil en contrebas depuis l'aire de pique-nique. Remontez ensuite vers l'amont à travers la large vallée de la **Rivière des Roches**. La rivière a creusé un lit profond dans la roche côté droit, la plupart du temps invisible depuis le chemin. De l'autre côté de la vallée, le versant est envahi par la vigne marron épineuse dont les feuilles rappellent les feuilles de vigne. Après 30 mn environ, le chemin de promenade jusqu'ici large s'assombrit et les branches de jamrosat forment au-dessus de votre tête une voûte qui laisse à peine pénétrer la lumière. Au bout de 10 mn environ dans ce tunnel, tournez à droite. En continuant tout droit vous arrivez à Abondance (cf. variante). Traversez une combe sur un sentier couvert de racines toujours droit devant vous jusqu'au point de vue. Vous voyez au bout de quelques minutes à main droite un escalier en pierre moussu par lequel vous descendrez au bassin au retour – aire de pique-nique idéale.
Une fois là, profitez d'abord de la vue à vos pieds sur le **Bassin la Mer** (50 m de large environ). Deux cascades venant du Grand Bras et de la Rivière des Roches alimentent cette cuvette.

2 h 30

Excursion vers un lac de montagne merveilleusement situé

Avec une superficie d'environ 900x500 m, le Grand Etang n'est définitivement pas grand, mais c'est tout de même le plus important lac de montagne de l'île et il mérite une visite. Isolé, il attire, notamment le week-end, une foule nombreuse. Il est apparu à l'ère active du Piton des Neiges. La roche volcanique est si imperméable ici que l'eau venant du Bras d'Annette est d'abord naturellement retenue avant de s'écouler sous terre jusque dans la vallée. Le niveau de l'eau dans le lac dépend de l'importance des précipitations. En période sèche il peut être presque vide, mais dès qu'il pleut, il peut arriver que certains passages ne soient pas accessibles ou uniquement par des détours.

Départ : Aire de pique-nique au bout de la route forestière jusqu'au plan d'eau de Grand Etang.
Arrivée : En voiture : Par la N 3, direction Plaine des Palmistes, bifurquer à droite

2 km env. après le village Chemin de Ceinture dans un virage à gauche avant de continuer sur l'étroit chemin bétonné pendant environ 3 km jusqu'au bout.
En car : Réseau Car jaune, ligne H (St-

Au Grand Etang.

Benoît/St-Pierre, arrêt Grand Etang, ou réseau Ti-Car jaune, ligne 64 ou 65 (St-Benoît – La Plaine de Palmiste), le dernier morceau de la randonnée à pied ou en autostop.

Dénivelée : 50 m.

Difficulté : Sentier étroit et boueux par endroits sur la rive, sinon pas de problème particulier.

Remarque : En saison pluvieuse notamment, le niveau de l'eau dans le lac peut monter, rendant impossible tout accès au sentier menant aux cascades tout au bout.

Depuis **l'aire de pique-nique**, marchez en biais sur la droite et passez devant quelques hauts eucalyptus. Le chemin est large et caillouteux. Au bout de 20 mn, la ramification à droite mène au *point de vue*. Si vous le souhaitez, vous pouvez faire encore ce petit détour (20 mn aller/retour), mais la belle vue annoncée sur le lac est souvent bouchée par de hauts buissons. Le chemin principal vous conduit tout de suite après au lac qui s'étale devant vous dans toute sa grandeur. Les versants tout autour sont escarpés et couverts d'une végétation dense, des fougères qui arrivent à la taille recouvrent la berge d'un tapis vert avec, partout, des feuilles de taro sur lesquelles l'eau s'accumule. Vous entamez le tour de l'étang à la bifurcation à gauche, à travers un terrain un peu boueux pour commencer ; il est possible de s'écarter du chemin et de se frayer un chemin dans les fougères jusqu'au bord de l'eau. Ensuite, vous passez devant une paroi rocheuse sur un sentier désormais sec ; lorsque l'eau est haute, prenez à gauche un chemin qui passe par des échelles. Vous voyez devant vous sur la pente les **Cascades du Bras d'Annette**, quatre cascades étroites et hautes d'environ 300 m. Le bruit qu'elles font va vous accompagner à partir de maintenant pendant un moment.

Après 50 mn de marche, le sentier se divise en deux branches. Prenez à gauche et marchez en direction des cascades. Les buissons sont de plus en plus denses, quelques fougères arborescentes font leur apparition, vous grimpez à travers la Ravine de l'Etang puis longez le petit Bras d'Annette jusqu'à quelques bassins qui sont alimentés par deux des quatre cascades. Belle aire de repos.

Retournez ensuite par le même chemin jusqu'à la bifurcation où vous continuez cette fois tout droit par un petit pont maçonné et vous longez après quelques minutes à nouveau le lac. Pour la 2ème partie du tour du lac, comptez encore 50 mn avant de vous retrouver à **l'aire de pique-nique**.

Circuit en lisière de forêt via St-Benoît

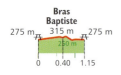

Le ravenale, appelé aussi L'arbre du voyageur ou Traveller's Tree, est une espèce de bananier qui vient de Madagascar dont il est également l'emblème national. La plante peut faire jusqu'à 30 m de haut, ses feuilles en éventail peuvent contenir à la base des tiges jusqu'à 1,5 l d'eau que vous pouvez recueillir en les piquant. Plus personne ne le fait à La Réunion et cette plante est principalement utilisée à des fins décoratives. Le circuit à travers les contreforts de la Forêt du Cratère conduit directement à quelques merveilleux exemplaires et permet également de profiter d'une belle vue sur les champs de canne à sucre de St-Benoît jusqu'à la mer.

Le bananier : le ravenale.

Départ : Aire de pique-nique sur la Route Hubert Delisle.

Arrivée : En voiture : Depuis St-Benoît, rouler direction Plaine des Palmistes pendant env. 5 km jusqu'au village Chemin de Ceinture, prendre au rond-point à droite la Route Hubert Delisle puis, après 1 km env. garer la voiture sur le parking de l'aire de pique-nique. **En car :** Réseau Car jaune, ligne h (St-Benoît – St-Pierre), arrêt Chemin de Ceinture, ou réseau Ti-Car jaune, ligne 64 ou 65 (St-Benoît – La Plaine de Palmiste), puis continuer à pied.

Dénivelée : 100 m.

Difficulté : Chemin au début couvert de racines, passages escarpés dans la descente avec des échelles métalliques, pierres glissantes dans la Ravine Batardeau au bord de l'eau.

Restauration : Aucune en chemin.

Depuis le panneau d'information sur le **parking**, revenez sur vos pas (300 m environ) sur la route asphaltée dans la direction d'où vous venez. Bifurquez ensuite à droite et montez par le large chemin à l'ombre des jamrosats. Les branches qui se tendent vers la lumière forment un toit voûté au-dessus du chemin. Il vous faut 15 mn jusqu'à un sentier qui descend à nouveau directement à droite à l'aire de pique-nique. Un petit crochet dans cette direction, 80 m environ jusqu'au dôme, vous conduit à quelques superbes exemplaires de grands ravenales. De retour au chemin principal, vous pouvez faire régulièrement de petits crochets pour admirer l'un de ces géants en bordure du chemin.

Au bout de 15 mn d'ascension graduelle au soleil sur des versants couverts de fougères denses, vous descendez brièvement jusqu'au **Bras Baptiste**, avant de remonter jusqu'à une crête depuis laquelle la descente est assez escarpée. Cinq échelles métalliques doivent être franchies avant d'arriver à la **Ravine Batardeau**. Franchissez celle-ci avec précaution, les pierres sont glissantes. Restez de l'autre côté du cours d'eau à proximité de la rivière, grimpez quelques mètres vers l'aval jusqu'à un petit barrage bétonné d'où l'eau se jette dans un torrent en bas. Juste avant, vous devez changer à nouveau de rive puis remonter la pente jusqu'à la route asphaltée où vous bifurquez sur la droite.

Vous passez ensuite devant une magnifique ferme avant de rejoindre votre voiture 15 mn plus tard.

Des cascades spectaculaires dans la ravine de la Rivière des Marsouins

Le cirque de Takamaka avec, au milieu, le cône vert du Piton Dorseuil, 760 m, entouré des ravines du Bras de Cabot et de la Rivière des Marsouins, fait environ 1500 m de diamètre. Ses versants escarpés sont dévalés par de grosses masses d'eau allant des zones de région tropicale à la vallée. La plus spectaculaire est la Cascade de l'Arc-en-Ciel, qui descend sur le bord ouest en plusieurs gradins jusqu'à 500 m dans la Rivière des Marsouins. Elle alimente deux lacs de retenue et deux centrales électriques (Takamaka I, Takamaka II), avec lesquelles l'EDF couvre une grande partie des besoins énergétiques de l'île. La randonnée descend au lac de retenue Takamaka 1. La centrale proprement dite se trouve directement sous le plateau de rebroussement mais n'est accessible qu'avec le monte-charge pour le personnel d'EDF.

Départ : Aire de rebroussement au bout de la route forestière asphaltée.
Arrivée : En voiture : Depuis St-Denis, suivre sur la N 1 environ 2 km après le Bras-Panon la ramification Takamaka/Le

Bourbier, à Bourbier bifurquer ensuite sur la D 53 en direction d'Abondance puis monter pendant environ 15 km jusqu'à l'aire de rebroussement. L'EDF a clôturé ici une parcelle de terrain pour son téléphérique. Se garer ici. Impossible d'arriver en car. Le réseau Cirest, ligne 12, va uniquement jusqu'au terminus L'Olympe, de là, il reste encore 8 km jusqu'au plateau.
Dénivelée : 360 m.
Difficulté : La descente passe par un raidillon étroit avec des passages parfois très escarpés, risque de glissement dans la traversée des cours d'eau.
Remarque : L'excursion dans la Ravine de Takamaka est une courte randonnée spectaculaire qui passe par l'une des régions les plus pluvieuses de l'île. Par conséquent, le sol est donc souvent mouillé dans la partie supérieure ; partir suffisamment tôt.
Restauration : Aucune en chemin.

Le sentier commence en bordure du plateau, au garde-corps devant à droite. La ramification juste après à droite vers *Bras Patience* s'achève au bout de 30 mn environ sur une plateforme dénuée d'intérêt de l'EDF. Continuez donc tout droit, direction *Vers Takamaka 1*. Le terrain dans la partie inférieure se redresse progressivement et devient glissant avec, à droite le rocher moussu, à

La ravine de la Rivière des Marsouins.

gauche des fourrés denses. Partout fleurit *l'impatiente* avec ses fleurs roses et blanches. Des passerelles en bois ainsi que des pontons métalliques étroits sécurisent les passages au-dessus de l'eau ; à la Cascade du Bras Patience, une construction métallique enjambe le lit du ruisseau. La ramification *vers Bebour* après 40 bonnes mn monte à droite dans la forêt vierge ; votre destination est plus loin en bas : *vers Takamaka 1, barrage*. Lors de la partie d'escalade qui suit, la descente est sécurisée par des cordes métalliques et vous pouvez aussi vous tenir aux racines désormais lisses et vous mouvoir vers le bas. Juste après, vous arrivez au bassin **Takamaka 1** par une courte passerelle bétonnée. Laissez de côté le petit bassin. Pour atteindre le point culminant proprement dit de la randonnée, vous devez ramper à gauche de la passerelle à travers les buissons jusqu'au barrage en bas. Ici, l'eau excédentaire venant du bassin ainsi que l'eau d'un petit cours d'eau latéral s'accumulent dans une cuvette, décrivent des méandres autour d'une île de basalte et se jettent, un gradin plus bas, dans la **Rivière des Marsouins**. Tout comme les autres cascades en face, par lesquelles vous êtes passé dans la descente. Vous avez sûrement envie de descendre jusqu'à la cuvette mais prudence : la roche est glissante. Le retour jusqu'au parking emprunte le même itinéraire de randonnée.

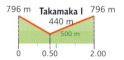

Randonnée variée sur les falaises en bordure de la côte sud-est déchiquetée

Nulle part ailleurs à La Réunion, la rencontre entre les forces de la nature n'est aussi brutale que sur la côte sud-est. Les puissants alizés poussent ici les vagues de l'océan sur ce littoral, le faisant ressembler à un biscuit grignoté. Depuis la terre, les coulées de lave brûlante avancent jusqu'à la mer après des éruptions volcaniques du Piton de la Fournaise, augmentant chaque fois la superficie de l'île de quelques mètres carrés. Une île sans cesse en mouvement. Cette randonnée sur les falaises donne l'occasion de contempler à loisir ces changements. L'endroit est bien trop dangereux pour se baigner, mais il est parfait pour la pêche. Le chemin s'appelle d'ailleurs le Sentier des Pêcheurs.

Sur la côte est.

Départ : Aire de loisirs Anse des Cascades.
Arrivée : En voiture : Par la N 2, direction St-Philippe, bifurquer à gauche 2 km env. après le village Piton Ste-Rose vers la côte direction Anse des Cascades. **En car :** Réseau Car jaune, ligne I (St-Benoît – St-Pierre), arrêt Anse des Cascades, ou réseau Cirest, ligne 49 (St-Benoît – Ste-Rose – Bois Blanc), env. 1 km encore à pied entre l'arrêt et l'aire de loisirs.
Dénivelée : 95 m à la montée, 50 m à la descente.
Difficulté : Sur les passages plus élevés, sentier battu avec un peu d'escalade, juste en bordure de mer avec agrégats de lave, sable de lave et roches basaltiques.
Restauration : Snack-bar/restaurant à l'aire de pique-nique Anse des Cascades, échoppes avec rafraîchissements et fruits près de Notre-Dame des Laves.
Variante : A la Pointe Lacroix, un chemin (crochet) monte à gauche à Notre-Dame des Laves sur la N 2 devant l'entrée de laquelle, en 1976, une coulée de lave s'est divisée avant de continuer à glisser des deux côtés de l'édifice. Le chemin vicinal qui y mène est bordé de champs de canne à sucre, 40 mn env. aller/retour.

Le point de départ de votre randonnée est la petite **Anse des Cascades**, un terrain avec des aires de pique-nique et point de rencontre apprécié des pêcheurs et plongeurs.
Depuis le port, parcourez à gauche pendant encore env. 300 m sur le tronçon carrossable juste en bordure de la côte. Impossible de continuer en voiture. Franchissez un étroit pont en bois, le Sentier de l'Anse des Cascades longe la côte pen-

Anse des Cascades		Pointe Lacroix	Pointe de Bellevue	Pointe Corail	Route N2
4 m		10 m	25 m	5 m	49 m
0		1.15	2.30	3.10	3.30

dant 8 bons km. Au bout d'un petit tronçon, suivez à la première bifurcation non pas le chemin ascendant (marches bétonnées) à gauche, mais celui de droite qui passe par des pierres de lave en bordure de la côte. La Patate à Durand, ipomée pied-de-chèvre aux fleurs roses, rampe à votre rencontre sur la lave. Vous quittez bientôt la côte et montez par des marches en bois à travers des fougères, des fourrés de bambous et, un peu à l'écart, un petit bosquet de sarments de vanille. Après 20 bonnes mn, vous arrivez pour la première fois au bord de la falaise à la Pointe de Cascade d'où vous pouvez contempler, à distance respectable, les brises-vagues. Si vous vous approchez prudemment du bord de la falaise, vous voyez le spectacle qui se déroule en bas. Traversez ensuite une forêt clairsemée de vacoas et des crabes terrestres nichant dans les racines des palmiers croisent vite votre route.

Après quelques petits passages d'escalade, vous arrivez à la **Pointe Lacroix**. Une coulée de lave datant de 1977 a poussé ici un plateau jusque loin dans la mer. Pas de végétation sauf quelques fougères ancrées dans les fissures. Vous pouvez faire ici un détour par **Notre-Dame des Laves** (voir variante). Après le champ de lave nu, continuez à droite vers la mer, panneau indicateur *RN 2/Piton* et *Sentier littoral/Port Ango*, passez devant un bitton balisé en vert pour les VTT, puis tournez à gauche, directement vers la plage de lave noire. Plus de balisage blanc maintenant mais le sentier battu est tellement fréquenté que vous le trouvez facilement. Mieux vaut rester constamment à proximité de la côte, rien ne peut vous arriver ici. Vous remontez maintenant avant de redescendre avec de superbes vues sur la mer. Une heure environ après le départ de la deuxième étape, vous apercevez un petit repère pour les VTT : *Port Ango* qui monte en haut à gauche par le lit d'un ruisseau, mais ignorez-le. Au lieu de cela, traversez peu après le lit asséché d'une rivière avec de gros blocs de basalte (la Ravine Bellevue). Vous parcourez à nouveau un morceau de forêt de vacoas puis vous arrivez à la **Pointe de Bellevue**. Si vous le souhaitez, vous pouvez prendre ici un raccourci en montant à gauche par un chemin à travers champs jusqu'à la route. Continuez, passez devant la Roche Marocain, petit groupe de rochers dans la mer, jusqu'à ce que le chemin débouche sur des tapis d'herbe douce qui s'étalent entre les pierres de lave. Vous voilà à la **Pointe Corail** où se rencontrent de nombreux pêcheurs. Continuez encore un peu sous de grands badamiers, montez à travers un bosquet de bambous puis vous vous retrouvez au milieu d'une bananeraie. Le chemin qui mène tout droit est malheureusement envahi par la végétation et il n'existe pas de liaison continue jusqu'au port de St-Rose. Pour rejoindre la N 2 en haut à gauche, vous devez chercher aussi votre chemin. Vous ressortez près de **l'arrêt de bus Marocain**, à 300 m du panneau *Ravine Glissante* à la sortie du village. Retour à l'Anse des Cascades en car ou en stop.

Falaises basaltiques dans le déferlement des flots de l'Océan Indien.

Jusqu'à l'arche de lave dans la ravine du Bras de la Plaine

Le petit bourg L'Entre-Deux (qui signifie entre les deux ravines du Bras de Ci-laos et du Bras de la Plaine) était autrefois connu pour sa culture de café mais les plantations ont été détruites par des mycoses. Aujourd'hui, avocats, man-gues et agrumes poussent entre les vieilles maisons en bois créoles. Le bourg est surtout le point de départ de randonnées fatigantes vers la crête es-carpée de Dimitile, limite orientale du Cirque de Cilaos. La descente jusqu'au Bras de la Plaine et la promenade dans sa vallée fluviale forment un contraste agréable.

Départ : Parking dans un virage à gauche de la Rue Hubert Delisle, La Mare (com-mune d'Entre-Deux) à côté d'un petit hangar blanc.

Arrivée : En voiture : Emprunter depuis la N 1entre St-Louis et St-Pierre la D 26, monter pendant 12 km vers L'Entre-Deux par la D 26, tourner à droite à l'Hôtel de Ville, une fois là, passer devant l'église et suivre la rue Hubert Delisle pendant en-core 1 km jusqu'au panneau Arche Natu-relle, Les Gorges, garer sa voiture ici.

En car : Car jaune, ligne L, (St.-Pierre – L'Entre-Deux), terminus Hôtel de Ville,

puis faire le dernier kilomètre à pied ou prendre, 100 m plus loin à l'église, le car direction Ravine des Citrons, réseau Ti-car jaune, ligne 39, jusqu'à l'arrêt Sen-tier Bras de la Plaine.

Dénivelée : 170 m.

Difficulté : Sandales ou vieux tennis, shorts pour se baigner.

Remarque : Le Bras de la Plaine n'est pas praticable en période pluvieuse et après de fortes précipitations.

Restauration : Aucune en chemin, ma-gasins, boulangers ainsi que bars à L'En-tre-Deux.

Orgues basaltiques.

L'Arche Naturelle.

Depuis le **parking**, descente rapide et douce jusqu'au **Pont de la Liane** (pour piétons) au-dessus de la rivière du Bras de la Plaine. Traversez-le et descendez à gauche jusqu'au lit de la rivière ; le banc de cailloux ou de sable est ici bien large (nombreux excursionnistes le week-end). Montez vers l'amont côté gauche puis, après 300 m environ, franchissez une première fois la ravine, manœuvre ensuite répétée à plusieurs reprises. Le chemin n'est pas balisé, mais reconnaissable aux cailloux usés. Les bords de la rivière attirent les regards avec les orgues basaltiques ou les colonnes basaltiques empilées qui se sont formées à la suite du refroidissement brusque de la lave volcanique du Piton des Neiges. Après 25 bonnes minutes, arrivée à **l'Arche Naturelle**. Côté gauche sur une petite éminence, l'arche basaltique se dresse avec une ouverture aussi haute qu'un homme dans le bras de la rivière. Il s'agit d'un morceau d'un ancien et long tunnel de lave. Si vous ne voulez pas faire tout de suite demi-tour, poursuivez votre chemin dans la ravine où vous découvrez certains passages de l'itin. 19. Equipezvous toutefois en conséquence, car les difficultés augmentent. Retour au **parking** par le même itinéraire.

La Mare	L'Arche	La Mare
395 m	Naturelle	395 m
	240 m	

230 m

0   0.50   1.45

Randonnée aventureuse dans une ravine

C'est au Grand Bassin, à quelques kilomètres en amont, que se rejoignent le Bras de Ste-Suzanne et Bras de Roche Noir pour former le Bras de la Plaine qui a creusé un canyon dans la roche volcanique jusqu'à son embouchure dans l'océan près de St-Louis. Les falaises de la ravine s'élancent par endroits jusqu'à 300 m de haut, les passages étroits avec des rapides alternent avec de larges segments avec des bancs de sables et de cailloux. L'itinéraire est aventureux : il passe par des cavernes creusées par la rivière dans la roche, escalade des boules de basalte et des demi-tuyaux rendus lisses par l'eau et traverse des rapides avec de l'eau montant parfois jusqu'aux genoux.

Départ : Chemin de la petite Ravine dans le Bras de Pontho.
Arrivée : En voiture : Depuis la N 1 entre St-Pierre et St-Louis rouler vers L'Entre-Deux/Bois d'Olives, bifurquer dans la D 26, continuer vers Bois d'Olives, tourner tout de suite à gauche dans la D 27 direction Ravine de Cabris/Les Trois Mares. L'itinéraire vers Le Bras de Pontho est balisé après 6 km. Le point de départ de la randonnée est à 2 km env. avant le bourg, 200 m après la borne kilométrique jaune n° 8 dans un virage à droite. Se garer ici.

Dénivelée : 480 m.
Difficulté : Sandales antidérapantes ou vieux tennis et shorts de bain pour la randonnée dans la rivière.
Remarque : Par mesure de sécurité, ne partir en randonnée qu'en période sèche car l'eau peut monter très vite s'il pleut.
Restauration : Aucune en chemin.
Variante : Possibilité d'accéder à la ravine depuis L'Entre-Deux plutôt que depuis Le Bras de Pontho (voir itin. 18). La randonnée dans la rivière n'est plus alors un circuit mais une randonnée d'un point à l'autre.

Dans la ravine du Bras de la Plaine.

L'entrée dans la ravine n'est pas indiquée mais impossible de rater le sentier battu depuis la route. Des lacets étroits descendent en passant devant une bananeraie jusqu'au **Pont de la Liane** que vous connaissez depuis l'itin. 18.

Juste avant le pont, tournez à droite dans les buissons et descendez jusqu'au lit de la rivière **Bras de la Plaine**. Suivez le cours d'eau vers l'amont, à travers une pierraie, par l'Arche Naturelle et de nombreuses et superbes formations appelées *orgues basaltiques*. Le canyon est encore très large et l'eau coule donc tranquillement. Après quelques rapides, il se rétrécit progressivement.

Vous arrivez maintenant au point culminant de la randonnée : une gorge étroite, pareille à un tunnel, à travers laquelle vous devez passer. Après avoir contourné quelques gros rochers ronds, une saillie rocheuse et un petit banc de sable en face, vous arrivez à un chas d'aiguille, à savoir un étroit passage de 2 m de large seulement à travers lequel l'eau se faufile.

Si vous voulez éviter la partie d'escalade après ce passage, retournez par le même chemin au parking. Pour continuer en revanche, glissez-vous à travers ce goulot – l'eau vous arrive ici aux hanches – et continuez vers l'amont. Aucun balisage ici, c'est à vous de trouver le meilleur chemin, le mieux étant directement dans le cours d'eau ou sur l'une des berges. Au bout de plus de 30 mn environ, le lit de la rivière s'élargit en une grande clairière avec une

plantation de canne à sucre côté gauche. En face, au niveau d'une canalisation rouillée de 20 cm environ d'épaisseur qui pointe à 5 m de hauteur à peu près dans la rivière, un sentier battu gravit le versant vers **Bras de Pontho**. La montée est fatigante.

Une fois en haut, montez à droite par le *Chemin de la petite Ravine* pendant environ 400 m jusqu'à la grand-route. Bifurquez ensuite à droite, traversez le bourg par la D 27, dépassez l'église et le stade de foot et vous retrouvez enfin votre voiture.

Parcours sportif d'escaliers dans le pays du curcuma

Le curcuma est connu comme une épice forte de couleur orange qui relève de nombreux plats exotiques. Elle est cultivée sur La Plaine des Grègues. Les racines tubéreuses sont récoltées tous les trois ans. Elles sont nettoyées, pelées, hachées puis séchées sur les toits des maisons avant d'être moulues en poudre. Le circuit traverse le »pays du curcuma« et longe des crêtes environnantes qui entourent ce paysage culturel particulier. Il monte ensuite jusqu'au Piton du Rond, d'où la vue sur la vallée de la Rivière des Remparts est extraordinaire. Le chemin qui y mène et le parcours du retour sont toutefois difficiles : un sentier d'entraînement attend le randonneur avec certainement plus de 1000 marches de bois rond soigneusement préparées.

Plantation de curcumas.

Départ : Eglise à Plaine des Grègues.
Arrivée : En voiture : Depuis la N 2 à St-Joseph, bifurquer dans la D 3 vers Plaine des Grègues et se garer ensuite dans le centre-bourg à côté de l'église. **En car :** Réseau Ti-Car jaune, (St-Joseph – La Petite Plaine), ligne 72, arrêt Plaine des Grègues.
Dénivelée : 790 m.
Difficulté : Sentier en escalier étroit, souvent très escarpé, une bonne condition est nécessaire.
Remarques : Les randonneurs qui arrivent en car peuvent éviter l'étape de 2 km au début entre l'église et le point de départ à Petite Plaine et continuer jusqu'au terminus du car à Petite Plaine. Une fois là, la randonnée commence.
Restauration : Aucune en chemin, petit magasin à Plaine des Grègues.
Curiosités : Maison du Curcuma à Plaine des Grègues avec des infos et des démonstrations sur la fabrication de cette épice.

Vous démarrez près de l'**église** en direction de Petite Plaine par la route du village. Au bout de 200 bons m, un chemin à travers champs commence sur le côté gauche avec l'indication *Curcuma – Petite Plaine*. Après un terrain de boule et quelques champs de curcumas, avancez d'abord sur ce chemin mais il se redresse bientôt fortement avec de nombreuses marches. Vous rejoignez la première chaîne de montagnes, descendez à nouveau un peu à travers une voûte végétale ombragée couverte de branches de goyavier. Après 30 bonnes mn de marche, vous quittez brusquement le chemin principal à droite pour un sentier battu qui passe devant une maison d'habitation avant de retourner à la grand-rue de **Petite Plaine**. Elle bifurque, depuis Plaine des Grègues, à l'arrêt de bus sur la droite.

Suivez-la pendant environ 200 m. Derrière une maison d'habitation, tournez à gauche dans un large chemin à travers champs avec, pour seule indication, l'inscription *Corymbis*. Vous montez ensuite à travers des champs de canne à sucre. Le chemin se rétrécit bien-

Une bonne condition physique est indispensable sur ce sentier.

tôt, se redresse et traverse quelques champs maraîchers jusqu'au début de votre parcours qui commence par monter sur quelques marches faciles en bois. Après 20 mn de montée facile depuis l'arrêt de bus, le parcours devient fatigant. Le sentier, bordé de fourrés denses de goyaviers, monte en permanence, souvent presque à la verticale. Sur votre droite, le versant descend jusqu'à la vallée de la Rivière des Remparts. Une belle vue vous attend toutefois d'abord au Piton de Petite Plaine après une ascension rude d'environ 30 mn. Il marque le début d'une randonnée de crête. Vous reconnaissez les collines autour de Plaine des Grègues d'un côté et Le Serre et Grand Coude de l'autre. De nombreuses nephila clavipes ont ici tissé leurs toiles.

La montée continue, soit sur un terrain découvert, soit dans des fourrés denses, jusqu'au meilleur point de vue au **Piton du Rond**, point culminant de la randonnée à 1350 m d'altitude. Vue extraordinaire sur les tours et détours des versants dans la vallée de la Rivière des Remparts, où il n'est possible d'avancer dans la ravine qu'en 4x4 ou à pied. Tournez au sommet sur la gauche et quittez le Piton du Rond et le rempart en direction d'un autre plateau panoramique avec vue sur La Plaine des Grègues jusqu'à la mer. Descente sportive par le sentier d'entraînement pour rejoindre après 30 bonnes mn depuis le sommet une bifurcation sans indication. Restez sur la gauche, descendez la pente rude et passez devant une paroi rocheuse sur laquelle le mince filet du grand Bras Rouge s'égoutte dans la **Cascade Mottet**.

Le chemin est un peu plus dégagé et se redresse brièvement jusqu'au poteau indicateur *Plaine des Grègues – 30 mn* sur la gauche ; le chemin principal monte tout droit jusqu'à la crête suivante. Après une nouvelle descente vigoureuse dans des fourrés sombres, vous arrivez à des champs de canne à sucre et aux premières maisons du bourg.

Une fois sur la route goudronnée, bifurquez à droite, sur un terrain plat maintenant, puis, au carrefour suivant, encore à droite en décrivant un coude pour retourner au centre et à l'église.

Partie d'escalade alpine sur la face est dans le Cirque de Cilaos

Le Dimitile est une grande zone de futaie et de bruyère qui s'étend de la ravine du Bras de la Plaine au sud-est jusqu'au Rempart du Cirque de Cilaos au nord-ouest. De nombreux chemins de randonnée conduisent au rempart, tous assez pénibles parce qu'il faut franchir en moyenne une dénivelée de 1200 m pour y arriver. Une fois sur la crête en revanche, on est récompensé par une randonnée d'altitude très diversifiée à travers des paysages déserts.

Départ : Parking au bout de la D 26 derrière L'Entre-Deux.

Arrivée : En voiture : Depuis L'Entre-Deux, suivre les poteaux indicateurs Dimitile sur la D 20 pendant environ 10 km jusqu'au bout puis se garer. La route débouche ensuite sur une piste caillouteuse où ne peuvent rouler que des 4x4. Mieux vaut (même en arrivant en car à L'Entre-Deux) se garer à l'église au centre-bourg et monter en taxi. Pour le retour de Mare à Joseph, organiser également un taxi car le dernier car depuis Bras Sec part en début d'après-midi. Renseignements pour les taxis : Maison du tourisme, L'Entre-Deux (℡ 0262-39 69 60), Maison du tourisme, Cilaos (℡ 0262-31 71 71).

Dénivelée : 1410 m à la montée, 1130 m à la descente.

Difficulté : Partie supérieure de l'ascension jusqu'au Dimitile cur des marches taillées très lisses, étape intermédiaire au rempart avec intermèdes d'escalade, plusieurs passages avec échelles, descente à Cilaos très escarpée et lisse, souvent avec des cordes métalliques.

Remarque : Mieux vaut répartir cet itinéraire sur 2 jours, avec nuit dans l'un des deux gîtes (Gîte Emile ℡ 0262-57 43 03 ; Gîte Bardi ℡ 0262-57 64 29), réservation nécessaire. Ouverts seulement si le nombre de personnes est suffisant. Partir tôt aussi pour arriver au sommet avant le brouillard. Penser à emporter assez d'eau !

Depuis le **parking**, parcourez env. 20 m sur la piste caillouteuse puis bifurquez dans le premier virage à droite dans l'étroit sentier qui monte à gauche ; repère : un pieu en bois sur lequel est écrit *guetteur du sud*. Ce chemin

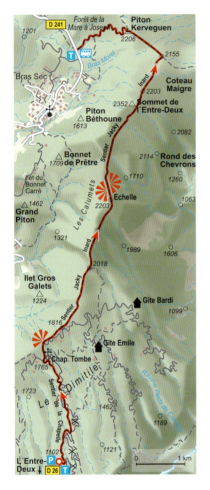

monte en permanence à travers une végétation tropicale, touche à plusieurs reprises la piste caillouteuse mais suit toujours le sentier direction *Dimitile*, qui s'étire à gauche de la piste. Après 1 bonne h, arrivée à une crête dégagée depuis laquelle le regard porte pour la première fois jusqu'au haut plateau de La Plaine des Palmistes. Le sentier est désormais délicat, la surface des marches ressemble à une couche lisse de terre glaise. Après 10 mn, vous rejoignez un chemin à travers champs, à peu près parallèle à la piste caillouteuse, sur lequel vous restez un court instant. Vous voyez un peu à l'écart aussi bien à droite qu'à gauche, deux ermitages. Le chemin devient un peu marécageux et bifurque à gauche, mais vous continuez tout droit sur un étroit raidillon. Un poteau indicateur un peu pourri laisse deviner *Dimitile 1 h*. Peu après, vous reconnaissez devant vous deux beaux et vieux tamarins. Vous avez rejoint la piste caillouteuse et vous montez à gauche par le sentier et la piste jusqu'à la **chapelle**, située ici vraiment à l'écart du village, la porte toujours ouverte pour y entrer librement.

Juste après, des panneaux indiquent les gîtes Emile et Bardi sur la droite mais vous continuez tout droit direction *Entre-Deux, Sentier Zèbre* avant de bifurquer, après 5 mn, à une pancarte synoptique pour les VTT, dans le chemin caillouteux à droite, direction *Cilaos par Kerveguen*. Env. 30 mn plus tard, arrivée au premier point de vue au Rempart d'où vous pouvez vraiment apprécier les dimensions du Cirque de Cilaos. Juste après, autre point de vue dans la même direction. Le sentier battu **Sentier Jacky Inard**, du nom d'un ancien syndicaliste connu, commence le long du garde-corps, quelque peu discrètement. D'ici, l'itinéraire longe sans cesse le bord. Quelque peu embroussaillé au début, il s'élargit et devient bien praticable ensuite. Il monte presque constamment, avec quelques brèves descentes, la végétation se raréfie. Vous êtes entouré uniquement de fourrés de bruyère auxquels s'accroche une multitude d'usnées barbues. Le sol, sec au départ, est bientôt lisse et glissant comme un peu plus loin en bas. Bien heureux ceux qui sont équipés de bâtons ici ! Après 45 mn, sur les traces de Jacky, un chemin venant des deux gîtes débouche de la droite sur votre sentier. Celui qui y a passé la nuit vous rejoint ici. D'ici, encore 30 mn de montée régulière jusqu'au point culminant où la descente commence abruptement avec une échelle métallique. Vous faites alors de l'escalade pendant 90 bonnes mn, en alternant montées et descentes, avec quelques pauses pour admirer les

Passage avec échelle sur le Dimitile.

alentours grandioses. A gauche Cilaos et le précipice, à droite les ravines boisées qui s'étendent jusqu'au Grand Bassin. Cet intermède sportif s'arrête tout aussi brusquement et vous débouchez soudain sur de grandes dalles de lave dans un paysage dégagé de bruyère. Vous vous dirigez par des tapis d'herbe et de mousse vers le Sommet de L'Entre-Deux que vous laissez toutefois sur la gauche pour descendre en crapahutant pendant 20 mn presque à la verticale le long du rempart du **Coteau Maigre**. Vous atterrissez sur un plateau idyllique de prairies avec des mares et de l'herbe de marais avant d'atteindre, 15 mn plus tard, le *GR R2*. Il conduit à droite à la Plaine des Cafres et Hell-Bourg, à gauche au **Piton Kerveguen**, que vous rejoignez également bientôt. De là, vous en avez encore pour 1 bonne heure de descente par la droite jusqu'au gîte au Piton des Neiges, mais vous empruntez plutôt la descente rude et escarpée jusqu'à **Mare à Joseph**. Des échelles, courtes et nombreuses, franchissent en chemin les parties rocheuses, le sentier est étroit et resserré. Dans la partie inférieure, vous pouvez vous réapprovisionner en eau à une source avant de rejoindre la clairière de Mare à Joseph où, en 2002, le cyclone a déraciné de nombreux arbres. Derrière une barrière, vous tombez sur la départementale qui mène à gauche à Bras Sec, à droite à Cilaos.

1 h 15

Sentier didactique instructif sur la coulée de lave de 1986

L'une des plus grandes coulées de lave du Piton de la Fournaise a permis d'agrandir la superficie de l'île d'environ 25 hectares. Cette plaine de sable noir qui s'étale devant les falaises sur la côte est a été baptisée La Pointe de la Table. Elle a donné naissance à des formations basaltiques grotesques que vous découvrez au cours de ce circuit. La commune de St-Philippe désigne avec le nom de Jardin volcanique ce terrain très fréquenté, surtout le week-end.

Départ : Aire de pique-nique au Puits Arabe.
Arrivée : En voiture : Emprunter la N 2, 3 km environ après St-Philippe, continuer en direction de Ste-Rose, tourner au poteau indicateur Puits arabe sur la droite pour pouvoir enfin rejoindre au bout d'environ 800 m une route secondaire asphaltée qui mène jusqu'à l'aire de pique-

nique située sur la côte. **En car :** Réseau Car jaune, ligne I (St-Benoit – St-Pierre par St-Philippe), arrêt de bus : Le Puits arabe.
Dénivelée : Aucune.
Difficulté : Aucun problème particulier.
Restauration : Aucune en route, snack-bars sur la N 2, point d'eau à l'aire de pique-nique.

Avant de prendre le départ, jetez un bref coup d'œil sur le *Puits arabe*, un peu dissimulé en bordure de la route. Selon la légende, ce réservoir d'eau douce aurait été aménagé par des marins arabes. La source a été comblée depuis et le bord du puits sécurisé par une grille métallique.

Depuis **l'aire de pique-nique**, votre itinéraire passe à gauche de quelques grosses pancartes d'information sur des pierres de lave noires, panneau indicateur : *Par la Falaise*. Vos repères sont ici de petites plaques de céramique avec un I rouge arqué encastrées dans des pierres de lave. Ils surgissent à partir d'ici tous les 20 m, mais un peu plus loin, il faut les chercher car certains sont dissimulés. Vous passez devant quelques jolies formations basalti-

Sur la coulée de lave jusqu'à la mer.

ques, mais vous restez un peu à l'écart de la côte, en bordure de la forêt de filaos. Après 15 mn sur des champs de lave cordée, appelés ici *lave pahoehe* en dialecte hawaïen, tournez à gauche dans une coulée de lave avec une structure finement nervurée à la surface. C'est un tunnel de lave dont le bord intérieur est ouvert en certains endroits. 3 mn plus tard, des flèches délavées indiquent qu'il faut continuer à monter sur cette coulée. Il est possible de continuer ici car on rejoint plus tard le circuit, mais l'ONF vous indique la droite avec ses plaques en céramique. La recherche du sentier est facilitée, si vous y regardez de près, par de petites pierres de lave qui font office de revêtement. Vous traversez une forêt de goyaviers dont les troncs sont pris d'assaut par des vrilles de vanille. Juste après, vous vous retrouvez sur la coulée de lave qui oblique maintenant en direction de la mer. Vous arrivez là où la lave a atteint autrefois la côte avant de se jeter dans la mer par la *Cascade de lave* pour former la grande plateforme appelée **Pointe de la Table**. La boucle continue à droite mais vous faites un petit détour à gauche par le fond de ce plateau. Après 5 mn, un sentier forestier monte à gauche jusqu'à la route puis descend à droite par des marches jusqu'à la plaine sablonneuse. Vous retournez en suivant le même itinéraire, passez par la *Cascade de lave*, cette fois tout droit, puis vous continuez votre circuit. Pendant 20 mn environ, le chemin passe par des falaises, une forêt de vacoas et de filaos jusqu'au carrefour où vous avez démarré votre itinéraire sur le tunnel de lave. Continuez tout droit ou le long de la côte jusqu'à l'**aire de pique-nique**.

	Pointe de la Table	
Puits arabe 10 m	8 m	Puits arabe 10 m
0	0.40	1.15

Jusqu'au plateau panoramique à la lisière est du Cirque de Salazie

La montée quelque peu difficile jusqu'à ce plateau merveilleusement situé offre une vue magnifique sur le Cirque de Salazie. Elle propose aussi un grand nombre de randonnées, courtes et longues, dans la Forêt de Bélouve. On opte pour une tranquille excursion éducative à travers une forêt jeune et intacte de tamarins sur le Sentier de la Tamarinaie parfaitement balisé. On apprend en cours de route tout ce qu'il faut savoir sur ce bois tropical unique en son genre.

Départ : Mairie/Annexe à Hell-Bourg.
Arrivée : En voiture : Depuis la N 3, bifurquer dans la D 48 direction Salazie, traverser le village puis continuer jusqu'à

Hell-Bourg à environ 13 km et se garer 300 m à peu près derrière le panneau d'entrée du bourg à la mairie. **En car :** Réseau Cirest (St-André/ Salazie), changer à Salazie/Hôtel de Ville, réseau Ti-car jaune, ligne 83 (Mairie/Salazie – Hell-Bourg), arrêt Mairie/ Annexe.
Dénivelée : 670 m.
Difficulté : La montée jusqu'au Gîte de Bélouve est très escarpée, mais bien praticable parce qu'elle est souvent empruntée.
Restauration/Hébergement : Boissons chaudes ainsi que froides au Gîte de Bélouve, nuit et déjeuner sur réservation.
Curiosités : Musée du Tamarin, petite salle de musée dans l'ancien bâtiment du téléphérique avec des informations et des pancartes sur la forêt de tamarins à Bélouve.

Le bâtiment de la mairie de **Hell-Bourg** est le point de départ de votre randonnée. Montez 200 m environ légèrement dans la *Rue André Fontaine* avant de suivre tout droit le panneau *Chemin de Bélouve* sur l'itinéraire du *GR R1* balisé en *rouge et blanc*. Vous laissez bientôt derrière vous les dernières maisons de Hell-Bourg puis vous gravissez en permanence le versant est du Cirque de Salazie par des lacets. Après un peu plus d'une heure, vous arrivez à une dépression avec des callas et des fuchsias. La construction métallique rouillée d'un pylône du téléphérique vous permet d'imaginer la manière dont le bois était transporté dans la vallée depuis les forêts en altitude.
Après quelques instants, vous arrivez en haut : le plateau panoramique fait partie d'une grande terrasse très bien entretenue autour du **Gîte de Bélouve**. Des cabanes pour dormir, des kiosques ouverts avec des bancs, des pelouses aux fougères arborescentes (fanjan) ainsi que des buissons de fleurs jau-

Le jardin du Gîte de Bélouve.

nes fleuris forment une ambiance agréable. Et cette vue : à gauche le Piton des Neiges et Gros Mourne, le Piton d'Anchaing au centre, à droite le Piton Bé-Massoune et Cap Picard, en bas les villages de Hell-Bourg, Mare à Vieille Place et Ilet à Vidot. Choisissez dans la forêt des poteaux indicateurs sur le terrain, la direction *Piton des Neiges*. Vous démarrez d'abord par la route forestière qui mène au gîte, puis vous suivez constamment le panneau blanc vers le **Sentier de la Tamarinaie**. Nous vous conseillons de faire le circuit à travers cette jeune forêt de tamarins. Il traverse des étendues qui ont été reboisées ainsi que débarrassées des plantes proliférantes par l'ONF au cours des dernières années. Sur le chemin du retour, vous passez devant un pylône au pied duquel vous juissez d'une belle vue sur la vallée.

Le chemin forestier vous ramène jusqu'au gîte. Après vous être désaltéré, vous pouvez faire un petit crochet par le musée avant de rejoindre par le même chemin le village de **Hell-Bourg**.

Sources thermales ferrugineuses dans la ravine de la Rivière du Mât

Le jeune Lucien Lucilly, appelé »Manouilh« a découvert en 1916 au cours d'une randonnée à travers la haute futaie de Terre Plate dans le cours supérieur de la Rivière du Mât quelques sources tièdes ferrugineuses qui jaillissent encore et sont le but de la présente randonnée. A l'instar du jeune homme, on parcourt également la forêt dans le sud du Cirque de Salazie, mais sur des chemins bien préparés.

Départ : Mairie/Annexe à Hell-Bourg, arrivée identique à l'itin. 23.
Dénivelée : 640 m.
Difficulté : Chemins glissants et envahis par les racines en forêt, étroit sentier battu à travers la forêt tropicale.
Restauration/Hébergement : Seulement à Hell-Bourg.

Depuis la mairie, descendez à travers **Hell-Bourg** par la grand-rue, droit devant vous direction *Gendarmerie*, franchissez un pont bien fréquenté puis descendez immédiatement après à droite jusqu'au Bras Sec et aux anciens thermes où vous découvrez quelques ruines laissées par le cyclone de 1948. Vous devez ensuite franchir le lit de la rivière en sautant. L'ancien pont métallique, à 20 m environ, a été également détruit par l'ouragan. Le chemin monte jusqu'à la route vers Ilet à Vidot, que vous rejoignez au bout de 25 mn. Vous montez un peu à droite, dépassez l'arrêt *Ilet à Vidot* et croisez 100 m plus haut la route avant de suivre un sentier étroit et non indiqué qui monte en biais. Il débouche après quelques minutes sur un chemin secondaire asphalté par lequel vous descendez à droite. Après quelques filaos, vous rejoignez la grand-route qui monte en biais à gauche en suivant les panneaux *Piton des Neiges, Source Manouilh*. Vous gravissez pendant 15 mn une pente très escarpée, sans quitter la zone habitée, puis le chemin se rétrécit jusqu'à un carrefour où vous obliquez à droite dans le *Chemin terre plate*. Vous êtes alors arrivé au point d'ascension vers la zone boisée.

Vient ensuite un passage extrêmement escarpé par un étroit sentier muletier ainsi que de hautes marches en pierre avant d'arriver, 40 mn plus tard environ, à un petit plateau avec barbecue. Hell-Bourg s'étale à vos pieds et le panorama s'étend jusqu'à la lisière du cirque sur le côté opposé.

A partir d'ici, vous marchez dans une futaie sombre et ombragée peuplée de

Les sources ferrugineuses à la Rivière du Mât.

cryptomérias hauts et denses. Le chemin est couvert de racines, humide et glissant, entre les arbres vous apercevez des troncs moussus et abattus, tandis que des longoses poussent dans la pénombre. A la première bifurcation 10 mn après avoir pénétré dans la forêt, continuez tout droits puis, au carrefour suivant 15 mn plus tard, à gauche en direction de *Hell-Bourg/Cap Anglais* mais montez à droite la pente escarpée. La ramification mène à la source.

Vous continuez à travers la haute futaie, rejoignez un chemin forestier avant de tourner à droite à la bifurcation au bout de la forêt. Vous entendez alors le mugissement de la **Rivière du Mât**. Quelques traits blancs sur les troncs d'arbre indiquent le chemin à suivre. A partir d'ici, la végétation change et vous devez descendre en escaladant par des lacets escarpés à travers la forêt mixte tropicale. Plusieurs cascades, de grosses pierres dans le lit de la rivière, des rapides et, en face, presque invisibles, quelques taches rougeâtres et jaunes entre des tapis de mousse verte dans la paroi rocheuse grise : vous voilà enfin à la **Source Manouilh**. Pour pouvoir observer de plus près les sources, sautez de caillou en caillou pour rejoindre l'autre côté. L'eau est vraiment tiède.

Retournez par le même sentier et traversez la forêt jusqu'à la ramification à droite direction **Hell-Bourg** que vous avez déjà découverte à l'aller. Arrivé à la lisière de la forêt, vous avez encore une fois une belle vue sur le cirque puis il vous faut descendre. A l'entrée du village, vous passez entre le terrain de sports et le gymnase, devant l'école ainsi que la base militaire, avant de retomber sur la grand-route et rejoindre ainsi votre point de départ.

Ascension de la montagne conique au cœur du Cirque de Salazie

Le cône du Piton d'Anchaing est situé en plein cœur du Cirque de Salazie. Selon la légende, l'esclave en fuite Anchaing et sa compagne Héva auraient vécu là-haut. Aujourd'hui, on trouve sur ce plateau deux beaux emplacements avec vue panoramique sur le cirque.

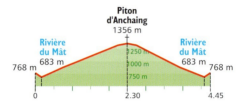

Départ : Parking au bout de la piste caillouteuse derrière Ilet à Vidot.
Arrivée : En voiture : Depuis Hell-Bourg, continuer vers Ilet à Vidot, jusqu'à l'aire de retournement pour cars au bout du village, puis descendre 1 km env. par la piste caillouteuse jusqu'au parking. **En car :** Depuis Hell-Bourg, réseau Ti-car jaune, ligne 83 (Mairie/Salazie – Hell-Bourg – Ilet à Vidot), terminus Pointe de retournement, le dernier morceau à pied jusqu'au point de départ.
Dénivelée : 760 m.
Difficulté : La montée du sommet est escarpée sur un sentier étroit et glissant, un pied sûr et une insensibilité au vertige sont indispensables.
Restauration/Hébergement : Aucune possibilité en chemin, choix suffisant à Hell-Bourg.

Depuis le **parking**, descendez en biais à gauche à travers des buissons de bambous par de hautes marches jusqu'à la Rivière du Mât. Franchissez la rivière par le confortable pont métallique suspendu puis montez sur un large chemin vicinal jusqu'à l'embranchement *Piton d'Anchaing*. Tout droit, le chemin mène à Grand Sable (voir itinéraire 26).
20 mn après le départ, vous arrivez à la plaine fertile de Mare d'Affouches, frôlez des bananeraies, passez devant des plantations de citrouilles et des pêchers. Vous voyez aussi quelques cabanes avec de jolis jardinets. 25 mn après la bifurcation, le sentier se divise à nouveau au niveau d'un petit oratoire. Montez à droite en direction du *Piton d'Anchaing*. Si vous continuez tout droit, vous descendez au bout de quelques minutes jusqu'à un chemin à travers champs en bas. Ce sera votre itinéraire au retour. Veuillez monter pour commencer. Le sentier se redresse, se rétrécit et commence à décrire

d'étroits lacets ; il est souvent humide et par conséquent glissant. Il vous faut plus de 1 h pour faire cette étape. En haut sur le plateau du **Piton d'Anchaing** vous êtes attendu par une forêt mixte dense et un petit circuit avec deux points de vue exposés depuis lesquels vous pouvez admirer l'ensemble du cirque. Cette boucle qui dure 30 bonnes mn est faisable dans les deux sens.

La descente emprunte le même itinéraire qu'à la montée. A la ramification décrite, descendez à droite jusqu'au chemin à travers champs. Une fois là, descendez à gauche, passez devant une barrière, remontez un peu puis redescendez, laissez de côté une ramification qui monte vers Grand Sable, redescendez jusqu'à la rivière puis remontez finalement jusqu'au **parking**.

Le Piton d'Anchaing.

Un circuit varié à travers une forêt de filaos et des vallées fluviales

Un glissement de terrain du Gros Morne a enseveli en 1875 des cabanes et de nombreux habitants du petit village d'Ilet Grand Sable. Depuis cette date, le lieu n'est plus habité ; pour se protéger de tout autre glissement éventuel, la zone a été reboisée avec des filaos. On traverse la forêt sur des tronçons du GR R1 qui relie Hell-Bourg dans le Cirque de Salazie à La Nouvelle dans le Cirque de Mafate.

Départ : Le parking se trouve au bout de la piste caillouteuse derrière Ilet à Vidot, arrivée en voiture et en car comme dans l'itin. 25.
Dénivelée : 650 m.

Difficulté : Partie d'escalade un peu fatigante dans la ravine des bras secondaires de la Rivière du Mât.
Restauration : A Hell-Bourg et Ilet à Vidot, aucune en chemin.

Vous connaissez déjà le premier tronçon jusqu'à la bifurcation derrière la Rivière du Mât depuis l'itinéraire 25. Le sentier de droite mène au Piton d'Anchaing mais vous continuez cette fois droit devant vous sur le chemin à travers champs direction Le *Bélier/Col de Fourche*. Après de petites parcelles avec des cabanes en tôle habitées, des jardins et des plantations d'arbres fruitiers, le chemin monte lentement. Le chemin sablonneux bifurque à droite 20 bonnes mn après la bifurcation. Prenez droit devant vous l'étroit sentier direction *Col de Fourche/Grand Sable* qui monte légèrement avant de s'aplanir agréablement. Belles vues régulières sur le cirque à travers le sous-bois et les buissons. Les filaos se multiplient progressivement. Restez sur l'itinéraire principal jusqu'à une petite aire de repos avec un abri, **Le Grand Sable**, à gauche, après 1 h 30 de marche dans la forêt dense . Une allée rectiligne de presque 600 m de long s'étire devant vous. Vous la traversez à moitié puis

Traversée de la Rivière du Mât.

vous prenez à gauche l'étroit sentier, pas très visible, direction *Trou Blanc* sur la variante *GR R1*. Si vous continuez tout droit, vous arrivez au Col de Fourche. Vous devez parcourir maintenant un peu plus de 7 km, mais il vous reste encore 10 mn de marche à travers cette belle vallée et par de petits cours d'eau. Le sol est recouvert d'un tapis dense d'aiguilles de filao.

Vous devez maintenant monter par un terrain glissant jusqu'à un col où commence la descente entre le Piton Lelesse et le Piton Papangue vers la **Rivière du Mât**. Vous descendez au début directement dans le lit d'un ruisseau asséché puis au milieu de deux cours d'eau jaillissant sur de gros morceaux de rocher, passez ici à gauche, à droite puis par dessus. Le balisage jaune et rouge est bien visible par endroits sur des cailloux. A l'embranchement en direction de la *Source pétrifiante* il ne vous faut plus que 15 mn jusqu'au gué de la Rivière du Mât. Belle et paisible aire de repos après cette partie d'escalade, avec des bancs de sable, des cailloux polis et arrondis et des bassins de baignade. Un peu plus en aval de la rivière, de nombreux amateurs de canyoning s'entraînent. Franchissez la rivière puis remontez jusqu'à ce que les premières chèvres et poules fassent leur apparition – vous êtes alors à **l'Ilet Trou Blanc**. Seuls quelques habitants vivent ici, très modestement. Le sentier s'achève à un chemin à travers champs ouvert à la circulation. Une fois là, descendez à gauche jusqu'à la grand-route puis à nouveau à gauche jusqu'au **parking** 300 m plus loin.

Ascension escarpée sur un ancien sentier de col à la lisière nord du Cirque de Salazie

Longtemps avant que l'auto ne triomphe également à La Réunion, de nombreux petits paysans dans le Cirque de Salazie n'avaient pas d'autre choix : citrouilles et chou-chous, pêches et bananes devaient être transportées à dos d'homme sur le sentier escarpé de Bé Cabot sur le versant nord du cirque à travers la Forêt des Fougères jusqu'aux marchés de Ste-Marie et St-Denis. On suit, sans être aussi chargé, la première étape de cet itinéraire jusqu'en haut sur la crête, avant de bifurquer à travers la jungle jusqu'au point de vue du Piton Bé Massoune.

Départ : Arrêt de bus : Sentier Plaine des Fougères à Bé Cabot.
Arrivée : En voiture : Juste derrière Salazie, bifurquer 15 km après vers Grand Ilet puis rouler encore 5 km vers Mare à Martin et tourner enfin à droite direction Bé Cabot. Après env. 1 km sur une route bétonnée, juste avant d'arriver au village, se garer à gauche. **En car :** Réseau Ti-car jaune (Salazie/Grand Ilet/Bélier), ligne 82 jusqu'à Grand Ilet, changer et prendre la ligne 81 (Grand Ilet/Mare à Martin/Bé Cabot), arrêt Sentier Plaine des Fougères.
Dénivelée : 820 m.
Difficulté : Au début, sentier simple avec passages d'escalade dans le lit de la rivière, sentier d'éboulis au soleil et glissant à

l'ombre, sentier de jungle avec de hautes fougères arborescentes le long du rempart.
Remarque : L'itinéraire est peu fréquenté et peut donc être très envahi par la végétation dans la partie supérieure.
Variante : Au col après le détour par Bé Massoune, ne pas redescendre au point de départ, mais continuer tout droit le long du rempart. Après quelques minutes, arrivée au chemin de l'itinéraire 4 et traversée de la forêt tropicale jusqu'à la route forestière et l'arrêt de bus du Piton des Fougères. Retour en car vers Beaumont/Ste-Marie/St-Denis.
Restauration/Approvisionnement : Aucune en route, eau de montagne récupérable haut sur le rocher.

Le sentier démarre à droite du parking, direction *Bé Cabot les Hauts*. Après 2 mn, vous traversez la *Ravine Bé Cabot*, puis vous montez par un chemin

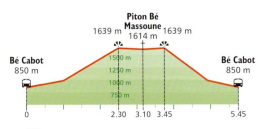

bien praticable pendant 20 mn jusqu'à la crête de **Bé Cabot** et au panneau indicateur *Ste-Marie*. A droite, le sentier redescend en cercle vers Bé Cabot. Vous descendez à gauche de la crête par le doux sentier her-

Fourrés de fougères denses sur le plateau au sommet.

beux, en passant devant des buissons de goyaviers, jusqu'à la rivière Ravine Sèche dans laquelle vous allez un peu vers l'amont en marchant sur les cailloux pour pouvoir ensuite la traverser. Vous continuez à travers une forêt de filaos et d'eucalyptus jusqu'au début de la pénible montée après 1 bonne h. Vous montez sur le rocher par des lacets étroits sur un sentier battu avec une fondation parfois rocailleuse. De nombreuses haltes pour souffler sont nécessaires, ce qui vous permet d'avoir régulièrement de belles et nouvelles vues sur le Cirque de Salazie. Vous reconnaissez Mare à Martin, le village et le lac, le Piton d'Anchaing et les voitures au Col des Bœufs. Avec un peu de chance, vous pourrez voir quelques orchidées sauvages en fleur. Une fois au col au rempart, bifurquez à droite vers Bé Massoune. Vous traversez la forêt tropicale en alternant montées et descentes, avec des fougères qui vous arrivent jusqu'à la taille qui rétrécissent le chemin. L'aire dégagée au **Piton Bé Massoune**, où vous arrivez 40 bonnes mn après avoir quitté le col, est également-

ment recouverte de fougères, mais les sentiers sont visibles et vous pouvez donc vous déplacer. D'ici, magnifique panorama jusqu'à la Cascade le Voile de la Mariée et les sommets du Cimendef et du Piton des Neiges. Si vous continuez à descendre depuis Piton Bé Massoune, vous arrivez en 4 h à Dioré et St-André, mais vous faites toutefois demi-tour et vous retournez par le même chemin à votre **point de départ**.

Magnifiques paysages au cœur du Cirque de Cilaos

Le Bras Rouge creuse un canyon qui commence au massif du Gros Morne et traverse le Cirque de Cilaos jusqu'à son embouchure dans le Bras de Cilaos en dessous d'Ilet à Cordes. Toujours visible comme le Gros Morne, il accompagne le randonneur sur son circuit diversifié.

Départ : Maison du tourisme à Cilaos.
Arrivée : En voiture : Depuis St-Louis, monter environ 38 km par la RN 5 jusqu'à Cilaos, suivre la grand-rue jusqu'à la Maison du Tourisme et s'y garer. **En car :** Réseau Semitel (St-Pierre/St-Louis – Cilaos), terminus Cilaos/ville.
Dénivelée : 680 m.
Difficulté : Raidillon simple sur la 1ère étape, sentier escarpé sur le versant, parfois avec des éboulis sablonneux au milieu, étape finale au début escarpée et rocailleuse, mais ensuite un peu plus plate.
Restauration/Hébergement : Aucune en chemin mais grand choix à Cilaos.

Descente dans la vallée du Bras Rouge.

L'impasse *Sentier des Porteurs* se détache de la grand-rue entre la *Maison du tourisme* et l'église de **Cilaos**. Tournez à gauche une fois là. Le panneau *Col du Taïbit* facilite également l'orientation. La route est courte puis vous empruntez un chemin de jardins entretenu pour descendre en 10 mn jusqu'aux anciens thermes. Il ne reste plus grand-chose à voir ici et c'est pourquoi vous remontez quelques marches jusqu'à la *D 242*. Arrivé là, descendez à gauche par la route et franchissez le pont. Restez encore un moment sur la route, montez un peu sur environ 500 m en suivant les repères blancs et rouges du GR R2 puis tournez à gauche et descendez par le nouveau sentier jusqu'à la cascade du Bras Rouge. Le chemin ombragé et bien praticable descend

entre cryptomérias et bi-basses. Arrivé en bas au Bras Rouge, vous vous trouvez juste au point culminant de la **Cascade de Bras Rouge**. Vous avez bien lu : en haut. Faites donc attention si vous vous approchez du rebord. Franchissez la rivière pour rejoindre le sentier qui continue à gauche en biais. La montée ensuite vers la crête, parallèlement au Bras Rouge, est un passage escarpé et fatigant en plein soleil ; en haut, le chemin s'aplanit brièvement et passe à l'ombre par une forêt de filaos, puis à côté d'agaves et de buissons de corbeilles d'or. Vous apercevez d'un côté le Piton de Sucre, de l'autre le Piton des Neiges. Un panorama époustouflant. Descendez ensuite et laissez à gauche la ramification vers le Col de Taibit, où vous arrivez en 90 bonnes mn depuis la cascade. Suivez à droite l'indication *Thermes/Bassin Bleu* en descendant par d'étroits lacets jusqu'au **Bras Rouge**, que vous traversez à nouveau. Et attention : juste avant, sur la droite, vous avez quelques sources d'eau tiède. L'eau thermale s'oxyde dès qu'elle apparaît à la surface et s'écoule ensuite en quelques filets marrons dans la grande rivière. Après une nouvelle et rude montée jusqu'à la *D 242*, descendez 10 pas à gauche puis passez de l'autre côté avant d'entamer une autre montée abrupte d'env. 30 mn sur le chemin rocailleux peu fréquenté du *GR R1*. Le parcours est enfin plus aisé sur un beau chemin d'altitude parallèle à la départementale avec de vastes vues derrière jusqu'au Bras Rouge, mais aussi devant jusqu'à Cilaos. Des plaques de lave noire, un petit ruisseau, la Ravine Prudent : vous vous retrouvez après 30 mn au **Bassin Bleu**. L'eau du petit ruisseau laisse des colorations verdâtres et blanches sur la roche, la **Cascade de l'Eau chaude** alimente les bassins de baignade situés un peu en contrebas à côté du sentier. Pour rejoindre Cilaos en bas, vous devez encore marcher 30 bonnes mn à travers une forêt de cryptomérias. Vous passez en chemin devant la ramification de la Roche Merveilleuse qui monte à gauche jusqu'au Piton des Neiges ainsi qu'une aire de pique-nique. Prenez ensuite la départementale vers Bras Sec à droite en direction de l'église puis le raccourci qui passe devant l'éco-musée pour retourner au **point de départ**.

Tout près de la façade sud escarpée du Gros Morne et du Piton des Neiges

L'ascension du Cap Bouteille emprunte l'un des itinéraires les moins fréquentés dans le Cirque de Cilaos. Toutefois, la vue depuis le sommet sur le massif du Gros Morne (3019 m) et du Piton des Neiges (3071 m) est impressionnante. Crochet en chemin par le Plateau Ilet des Salazes où vivent une poignée de jeunes de l'Association Trois Salazes. Dans une petite échoppe couverte, ils vous invitent à boire un thé, un café et à manger des gâteaux.

Départ : Parking sur la D 242.
Arrivée : En voiture : Depuis Cilaos, rouler direction Ilet à Cordes sur la D 242 pendant env. 5 km, puis se garer sur le côté. **En car :** Réseau Pastel (Cilaos/ville – Ilet à Cordes), arrêt Sentier Col du Taïbit.
Dénivelée : 730 m.
Difficulté : Le chemin principal Cilaos/ Marla direction Col du Taïbit sur le GR R1 et le GR R2 est bien praticable avec quelques passages raides, le Sentier Cap Bouteille en revanche est couvert par endroits d'éboulis ou de végétation.
Restauration : Petite échoppe sur le Plateau Ilet des Salazes, point d'eau également.

Après la rude montée entre la **D 242** et le *Plateau Ilet des Salazes* (voir itin. 34), faites ici un petit crochet de 10 mn à travers les jardins en terrasse jusqu'à un point de vue depuis lequel vous pouvez contempler l'ensemble des dômes et des pointes de la chaîne montagneuse qui entoure Cilaos du Grand Bénare en passant par le Piton Fleurs Jaunes jusqu'au Piton des Neiges. Continuez sur l'itinéraire du *GR R2* en montant direction Col du Taïbit à travers une forêt d'eucalyptus pour rejoindre peu après la ramification *Sentier Cap Bouteille*, que vous suivez sur la droite. Vous devez maintenant parcourir environ 3 km sur un sentier battu. Le chemin, balisé de points blancs, commence par monter lentement et passe devant des eucalyptus abattus en partie par l'ouragan. Le plateau herbeux qui suit est bordé de bruyères et de tamarins auxquels s'accrochent d'innombrables usnées barbues touffues.

Vous découvrez les ruines d'une ancienne bergerie derrière laquelle vous attend une partie d'escalade raide de 20 mn à travers éboulis et racines d'arbres. Vous passez en montant devant deux gros blocs de rocher, en face un ancien point de vue désormais envahi par la végétation sur Cilaos. Un peu plus loin,

A travers une forêt dense d'usnées barbues.

vous arrivez à *la Source du Cap Bouteille* où vous apaisez votre soif en buvant l'eau fraîche qui dégouline d'une paroi rocheuse. Le sol est couvert de fraises des bois. Lorsque vous franchissez le cours d'eau, vous remarquez des flèches blanches sur les rochers qui indiquent l'itinéraire à suivre. Continuez à monter, à nouveau à travers une merveilleuse forêt de lichens jus-

qu'au point de vue au **Cap Bouteille** que vous rejoignez après plus d'une heure de marche depuis la fourche. Le chemin s'arrêtant ici, vous ne pouvez que descendre en pente raide jusqu'au Bras Rouge, dont le mugissement est bien perceptible. En face, l'imposante paroi sud aux reflets rougeâtres du Gros Morne qui s'intègre dans la chaîne du Piton des Neiges est impressionnante. Retournez à la bifurcation et à la route par l'itinéraire connu.

Première partie du circuit à travers le Cirque de Cilaos

Cette randonnée marque le début du circuit qui fait le tour du Cirque de Cilaos avec départ et arrivée à la principale localité, Cilaos. Elle frôle les petits îlets environnants, traverse des villages de montagne et franchit les ravines des plus grandes rivières qui sinuent à travers le cirque. Cette première excursion, qui descend quasiment en permanence, conduit aux destinations d'étape Bras Sec, Le Palmiste Rouge, Ilet Haut et Le Pavillon.

Départ : Cilaos, Maison du tourisme, arrivée comme dans l'itin. 28.

Dénivelée : 620 m à la montée, 1430 m à la descente.

Difficulté : Sentier principal la plupart du temps bien praticable sur le versant, court passage d'escalade dans la Ravine des Calumets, dans la gorge le long du Rempart des Calumets, sol rocailleux lisse et mouillé, sentier battu entre Le Palmiste Rouge et Le Pavillon, parfois envahi par la végétation, petits passages d'éboulis.

Remarque : Toutes les destinations d'étape sauf Ilet Haut sont accessibles en car. La randonnée peut donc être interrompue à n'importe quel moment.

Restauration/Hébergement : Choix suffisant au Palmiste Rouge et à Bras Sec, au Pavillon du gîte Le Pavillon. Hébergement via la Maison du tourisme, Cilaos (✆ 0262-31 71 71).

A la *Maison du tourisme*, traversez d'abord **Cilaos**. Prenez juste en face la *Rue des écoles* vers *St-Louis*, tournez après 500 m à gauche direction *Mare à Joncs* vers un petit lac intérieur où vous continuez d'abord tout droit puis à droite de la berge jusqu'à une discothèque. Dépassez-la et prenez à gauche le chemin qui monte un peu direction *Hôpital* puis, à la bifurcation suivante, continuez à droite, passez devant l'hôpital, et prenez à nouveau à droite dans le *Chemin des eucalyptus*. Quand celui-ci bifurque bientôt à gauche, continuez tout droit et vous arrivez après un peu plus de 15 mn à travers le village, au point de départ de votre randonnée. *Bras Sec* est indiqué.

Vous descendez ensuite par des lacets jusqu'à la rivière *Bras de Benjoin* que vous franchissez pour rejoindre, après une remontée de l'autre côté, le plateau de pique-nique (point d'eau et belle vue sur Cilaos). Vous êtes ici à la lisière du village de **Bras Sec**. Prenez la route secondaire goudronnée dans le prolongement de votre itinéraire qui descend à droite jusqu'à la grand-route *D 241* sur laquelle vous bifurquez aussi à droite. Vous passez devant de petites maisons créoles et vous voyez de nombreux petits jardins avec de la vigne et des sous-arbrisseaux de fleurs. Dans la grand-rue, laissez derrière vous la maternelle et l'église. Descendez un peu, avec quelques tournants jusqu'au bout du village.

Montez à gauche puis le *Sentier des Calumets* commence après un virage à droite. Sur un terrain légèrement en pente au départ, suivez l'étroit sentier battu qui est balisé avec des points blancs sur des cailloux et des arbres. A la première bifurcation après 5 mn, choisissez la branche à gauche qui monte ensuite en pente raide pendant environ 15 mn jusqu'au *plateau Mare à Montfleury* ; la suite du parcours est ici plus facile sur un terrain plat avec de l'herbe de savane et des filaos. Après une courte montée, vous atteignez le point culminant de la randonnée. Entre l'imposante paroi du *Rempart des Calumets* et le *Bonnet de Prêtre*, la descente escarpée et pleine de racines commence dans la ravine du *Bras des Calumets*. La vue est bloquée au début par une forêt dense de goyaviers. Vous longez un peu le lit sec d'un bras latéral du Bras des Calumets, montez à la bifurcation à droite jusqu'à *Gueule Rouge*, avant d'arriver au **Bras des Calumets** après une descente de 30 mn. Une petite forêt d'eucalyptus, une petite cascade, un bassin et, sur la rive opposée, un rocher troué entre deux blocs de roche marquent le début du passage le plus intéressant dans cette ravine.

Sur le chemin d'Ilet Haut.

Glissez-vous à travers ce trou, descendez un instant, tandis que des gouttes vous tombent sur la tête depuis la paroi rocheuse en saillie du *Rempart des Calumets*. Le chemin est par conséquent mouillé et lisse. Descendez en escaladant le long de la rivière et franchissez-la à deux reprises avant d'arriver dans un terrain découvert avec vue sur **Le Palmiste Rouge**. Le sentier s'achève à l'aire de retournement de la rue du village que vous suivez à droite pour descendre dans le centre-bourg jusqu'à l'église, la boutique et l'arrêt de bus. De là, descendez encore 15 mn par la route pour rejoindre à gauche le *Chemin des Fougères*, début de la 2ème étape.

Suivez les panneaux *Ilet Haut* et *Petit Bras* sur la voie carrossable jusqu'à quelques maisons d'habitation entre lesquelles vous rejoignez votre sentier à côté d'un mur de soutènement. Le sentier battu est peu fréquenté comme l'indique le balisage blanc délavé. Descendez ensuite par un terrain découvert et sans ombre par des lacets jusqu'à ce que vous frôliez pour la 1ère fois après 45 bonnes mn le cours d'eau du **Petit Bras de Cilaos**. Vous le suivez brièvement mais vous devez monter en escaladant un peu à droite sur un champ d'éboulis avant de retrouver la terre ferme sous vos pieds. Après trois cabanes en tôle dans une bananeraie, laissez un peu plus tard à droite la ramification vers *Peter Both* et vous arrivez bientôt à nouveau à la rivière que vous devez maintenant franchir. Gravissez la pente escarpée sinueuse le long du rocher jusqu'à une crête dans le terrain découvert. C'est ici que commence le plus beau morceau de cette deuxième étape. Vous longez toujours doucement le versant, parfois à travers des champs d'herbe ou

Rocher troué au Bras des Calumets.

d'agaves, traversez un merveilleux paysage vallonné avec de magnifiques vues dans toutes les directions jusqu'à la lisière occidentale du cirque puis vous descendez jusqu'à la route sinueuse pour remonter vers Cilaos. Arrivé à un petit sommet montagneux, le chemin s'éloigne de la crête et bifurque à gauche avant de descendre vers le petit **Ilet Haut** avec ses quatre cabanes, d'un gîte, dont les meilleurs jours semblent être comptés, et de quelques jardins. Dans l'ensemble, l'îlet donne l'impression d'être plutôt abandonné. Traversez le hameau, passez devant des massifs de bambous et de bananes, jusqu'à un petit col.

Pendant les dernières 30 mn, vous descendez finalement par des lacets à travers d'imposants bosquets d'agaves jusqu'au *Petit Bras de Cilaos*, que vous franchissez à nouveau. Sur l'autre rive, vous voyez déjà le pont autoroutier et un escalier en béton qui vous mène à la route. **Le Pavillon** n'est composé que d'une poignée de maisons qui appartiennent au *Gîte Lo Pavillon*. Vous pouvez passer la nuit ici ou retourner en car au point de départ.

Deuxième étape du circuit dans le Cirque de Cilaos

La deuxième étape du circuit monte depuis Le Pavillon jusqu'à Ilet à Cordes puis retourne à Cilaos. Jusqu'en 1965, il était impossible de se rendre en voiture à Ilet à Cordes. Cela est désormais possible certes, mais le bourg est encore très paisible et isolé sur une croupe rocheuse. On y cultive des lentilles, du maïs et surtout du vin. On le frôle à peine, car la randonnée se déroule principalement dans les ravines du Grand Bras de Cilaos et du Bras Rouge. L'itinéraire demande une excellente condition physique car les montées et les descentes sont nombreuses.

Départ : Parking à l'entrée du Sentier Burel.
Dénivelée : 1230 m à la montée, 550 m à la descente.
Arrivée : En voiture : Sur la N 5 vers Cilaos, se garer à 1,5 km environ derrière Le Pavillon sur la droite à côté de la route. **En car :** même ligne qu'à l'itin. 28, arrêt au départ du Sentier Burel.
Difficulté : De longs passages passent par des champs de pierres dans la ravine, l'ascension de la crête jusqu'à Ilet à Cordes est un peu sablonneuse et non sécurisée dans les lacets côté versant. Une bonne condition et un pied sûr sont nécessaires dans l'ensemble.
Remarque : Lorsque le niveau est bas, la randonnée peut débuter directement dans la ravine du Grand Bras de Cilaos. Descendre alors à côté du gîte jusqu'à la rivière, puis en longer le lit pour monter jusqu'au plateau Le Parc à Dennemont, où on rejoint au bout de 30 mn le chemin principal.
Restauration/Hébergement : A Ilet à Cordes et Cilaos.

Depuis le parking, traversez la route en descendant de quelques pas en diagonale. La randonnée débute directement dans un virage à gauche serré, *Ilet à Cordes* est indiqué. Le sentier longe le versant jusqu'à la ravine du **Grand Bras de Cilaos**. Un petit treuil à câble avec un panier pour se rendre en face jusqu'à la bananeraie sur le plateau *Le Parc à Dennemont* marque l'endroit où vous devez franchir le gué. Une fois sur l'autre rive, restez un moment sur le plateau mais, au bout de 3 mn, vous devez à nouveau patauger dans le lit de la rivière et vous y restez pendant un instant. Vous arrivez après les cailloux jusqu'au

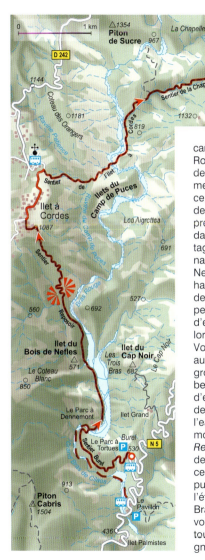

carrefour **Les Trois Bras**. Le Bras Rouge, le Bras de Benjoin et le Bras de St-Paul se rejoignent ici pour former le *Grand Bras de Cilaos* qui descend depuis ici jusqu'à l'océan près de St-Louis. Le panorama est impressionnant. Lorsque vous êtes dans le lit de la rivière, les pics montagneux environnants du Grand Bénare, du Gros Morne et du Piton des Neiges semblent être encore plus hauts que depuis la route ; la largeur de la ravine et les berges effilochées permettent d'imaginer les masses d'eau qui s'écoulent ici vers la mer lors d'un orage.

Vous trouvez votre chemin grâce aux barres blanches peintes sur les gros cailloux et les rochers de la berge. Elles vous éloignent du cours d'eau en biais sur la gauche où vous devez sautiller une dernière fois sur l'eau avant que ne commence la montée vigoureuse sur le *Sentier Reposoir* pour rejoindre Ilet à Cordes. Vous montez d'abord doucement à travers une allée d'agaves puis le chemin se redresse. Sur l'étroite arête entre les ravines du Bras Rouge et du Bras de St-Paul, vous serpentez jusqu'en haut. Des touffes d'herbe sur le chemin témoignent qu'il n'est pas très souvent

Paysage de gorges du Bras Rouge.

emprunté. Tout comme les innombrables nephila clavipes qui ont tissé leurs toiles partout. Vous devez peiner une bonne demi-heure jusqu'à une selle inondée de soleil depuis laquelle vous pouvez avoir une vue fantastique. Cilaos est désormais visible. Le sentier se rétrécit pour former un chemin creux qui permet une marche aisée. Des champs de cannes à sucre et de maïs, des bananes et des vignes indiquent que vous êtes arrivé à **Ilet à Cordes**. Descendez légèrement par la départementale à droite pendant 15 mn. Avant d'arriver à un pont dans un grand virage à gauche, bifurquez à droite et descendez direction *Cilaos*. Il est agréable de marcher à l'ombre de la forêt de filaos dans la descente avant de déboucher en plein soleil après env. 30 mn ; le dernier morceau de la descente jusqu'à la ravine du Bras Rouge passe par un sol rocailleux recouvert d'une fine pellicule de sable qui peut être parfois légèrement glissante. Vous traversez le petit lit d'un ruisseau et vous devez aussi franchir la grande rivière, mais vous cheminez un instant en bas vers l'amont, jusqu'à ce que le balisage composé de traits blancs vous indique le début de l'étape finale qui monte jusqu'à **Cilaos**. Cette montée est raide dès le départ. Les rares passages plats offrent de courtes pauses pour se reposer. Après un peu plus de 30 mn, vous arrivez à la ramification qui mène à gauche à la chapelle (voir itin. 32) puis vous continuez jusqu'à l'arrêt de bus Cilaos/ville.

Descente vers une caverne spectaculaire

Le Bras Rouge prend sa source dans la région montagneuse du Gros Morne. Sur le chemin qui mène à travers le Cirque de Cilaos, l'eau qu'elle charrie disparaît à hauteur du GR R2 à la Cascade du Bras Rouge dans une gorge étroite dans la roche. La rivière ne

réapparaît ensuite que tout en bas dans une crevasse étroite dans le rocher de presque 100 m de haut. Cet endroit, appelé La Chapelle, est un extraordinaire ouvrage naturel. Une fois par jour seulement, le matin entre 10 h et midi, selon la saison, les rayons du soleil pénètrent par le haut à travers une étroite fente et transforment l'intérieur de la caverne en un lieu sacré.

Départ : Boulangerie du Cirque à l'entrée du bourg de Cilaos, arrivée voir itin. 28.
Dénivelée : 890 m.
Difficulté : Des sandales sont conseillées dans la ravine du Bras Rouge jusqu'à la cascade.
Remarque : La caverne est inaccessible si l'eau est haute. Par mesure de sécurité, se renseigner au préalable à la Maison du Tourisme à Cilaos (℡ 0262-31 71 71).

La sortie de la »chapelle«.

Le Sentier de la Chapelle débouche en face de la **Boulangerie du Cirque** dans la grand-rue de Cilaos. De là, descendez un peu, tournez ensuite à gauche et rejoignez en bas après quelques marches bétonnées une petite route latérale. Une fois là, obliquez encore à gauche et traversez un petit lotissement neuf. Suivez les indications *Ilet à Cordes* et *La Chapelle* à un carrefour en biais à gauche qui vous font descendre par une piste bétonnée très escarpée. Après quelques petites fermes avec des enclos à chèvres à la sortie du bourg, vous voyez apparaître après 15 bonnes mn de marche un balisage (*cercle blanc avec un point rouge au milieu*) que vous suivez sur un sentier escarpé qui descend à travers une forêt ombragée de filaos en bordure de l'eau de la *Ravine Henry Dijoux* jusqu'à la ramification menant à La Chapelle. Le chemin droit devant continue jusqu'à Ilet à Cordes. Il vous a fallu 45 bonnes mn pour arriver jusqu'ici. L'ascension courte mais rude jusqu'à une crête qui sépare le *Bras Henry Dijoux* du *Bras Rouge* est récompensée par une vue grandiose sur le Piton des Neiges, le Piton Sucre et Ilet à Cordes. Après 90 bonnes mn de descente sur la crête, vous arrivez au **Bras Rouge**. Vous longez la berge vers l'amont et vous rejoignez, en changeant de berge selon le niveau de l'eau, d'immenses blocs erratiques qui bloquent d'abord l'entrée de la caverne. Vous pouvez toutefois y arriver en escaladant, sur la berge gauche du cours d'eau (vue sur l'entrée), entre le versant et des pierres. Si vous y arrivez au moment où la lumière est bonne, vous pouvez avancer de 100 m env. à l'intérieur du vaste lit de la rivière. Vous entendez la cascade mugissante au fond. Retournez au point de départ par le même chemin.

Lever du soleil sur le toit de l'île

La randonnée menant au Piton des Neiges possède un attrait tout particulier. Ce n'est pas seulement l'endroit où l'on va qui compte – on gravit le plus haut sommet de l'île et de l'Océan Indien – c'est aussi et surtout la manière dont on s'y rend : après une courte nuit dans le refuge, on démarre dans le noir à quatre heures et demie en une procession de lumières de lampes de poche jusqu'au point culminant et on attend ensemble avec tous ceux qui sont montés au sommet que le jour se lève. Il n'y a pas de neige au sommet (cela est arrivé une fois en 2003), mais il fait froid et mieux vaut s'y préparer.

Départ : Parking Le Bloc sur la D 241 entre Cilaos et Bras Sec.
Arrivée : En voiture : Depuis Cilaos direction Bras Sec, par la départementale D 241, garer la voiture après environ 3 km. **En car :** Réseau Pastel, ligne (Cilaos – Bras Sec), arrêt Le Bloc.
Dénivelée : 1700 m.
Difficulté : Un pied sûr et de l'endurance.
Remarque : Il fait frais sur le sommet, emporter un pull chaud et un coupe-vent ainsi qu'une lampe de poche.
Restauration/Hébergement : Gîte de la Caverne Dufour, réservation pour la nuit et les repas via la Maison de la Montagne.
Variantes : Au lieu de l'ascension aller et retour ici décrite, il est possible de faire l'étape jusqu'au Piton des Neiges aussi dans le cadre d'une randonnée dans le cirque de Cilaos à Hell-Bourg (ou dans l'autre sens) via Caverne Mussard et Cap Anglais (durée à partir du Gîte de la Caverne Dufour, jusqu'à Hell-Bourg environ 4 h).

La randonnée commence directement au **parking** sur la gauche par une longue montée escarpée. Les 8 km de l'ascension jusqu'au Piton des Neiges sont balisés. L'itinéraire sinueux passe par un sentier bien préparé à travers une forêt mixte tropicale. D'en bas jusqu'en haut, le long du rempart, vous êtes régulièrement fasciné par les nombreuses usnées barbues qui pendent aux branches des arbres. Elles aiment l'humidité qui se dépose ici pendant

Vue du sommet en bas vers Cilaos.

les nombreuses heures embrumées l'après-midi. A mi-chemin, sur le *Plateau du Petit Matarum*, vous arrivez à un abri près de la forêt de cryptomérias où vous pouvez renouveler vos provisions d'eau. Arrivé au point culminant de l'étape au rempart, le sentier de droite mène au *Coteau Kerveguen* puis continue tout droit direction *Plaine des Cafres* jusqu'au **Gîte de la Caverne Dufour**, but de l'étape que vous rejoignez au bout de quelques minutes. La nuit au gîte est courte car vous devez partir avant l'aube vers le sommet. L'ascension est désagréable : vous passez par un chemin couvert d'éboulis et de cailloux instables qui rendent difficile la progression. La végétation est maigre avec seulement des fourrés bas de bruyère puis, jusqu'au sommet, des blocs de pierre et du sable.

Vous arrivez enfin au plateau sommital du **Piton des Neiges** qui offre suffisamment de place pour s'attarder sur des étendues bien foulées et donc stables. La vue sur les alentours est impressionnante. Cilaos, La Plaine des Palmistes, la Forêt de Bébour et la Forêt de Bélouve (forêts tropicales), la crête montagneuse adjacente du Gros Morne et, en direction du soleil, l'Océan Indien. Après le lever du soleil, vous devez retourner au gîte par le même chemin pour y prendre votre petit-déjeuner. Ensuite, la descente emprunte le même itinéraire qu'à l'aller la veille.

Dans l'attente du soleil.

De cirque en cirque

De nombreux chemins mènent à Mafate, celui-ci par le sud. L'itinéraire à suivre qui relie à pied le Cirque de Cilaos au Cirque de Mafate est très fréquenté. Ce parcours est volontiers considéré comme la première étape d'une randonnée de plusieurs jours à travers la région de Mafate. Après avoir passé la nuit dans l'un des gîtes d'étape à Marla, continuer le jour suivant soit vers La Nouvelle soit vers Roche Plate.

Départ : Maison du tourisme à Cilaos.
Arrivée : En voiture et en car jusqu'à Cilaos (voir itin. 28).
Dénivelée : 1250 m à la montée, 820 m à la descente.
Difficulté : Dans l'ensemble sentier bien praticable, entre Cascade du Bras Rouge et la D 242 passages d'éboulis.
Remarque : Pour éviter la première partie de l'itinéraire, prendre le car à Cilaos direction Ilet à Cordes jusqu'à l'ascension du Col du Taïbit (voir itin. 29).
Restauration/Hébergement : A Marla : Hébergement chez E. Hoareau (☏ 02 62-43 78 31 directement ou réservation via la Maison de la Montagne) et M. Giroday (☏ 0262-43 83 13).

La première partie du parcours est identique à celle de l'itinéraire 28. Derrière **Cilaos**, vous passez devant des thermes et une cascade par le *GR R2* avant de monter parallèlement au cours du Bras Rouge. A la ramification à droite qui descend à la rivière direction *Thermes, Bassin Bleu*, continuez cette fois tout droit et montez direction Col du Taïbit pour rejoindre peu après la route **D 242**. Une fois traversée, vous montez vers **Ilet des Salazes** puis à la ramification Cap Bouteille (voir itin. 29). Continuez tout droit direction Col du Taïbit ; le sentier est bordé de hautes bruyères pleines d'usnées barbues et traverse brièvement une plaine herbeuse ouverte. Vous passez devant un petit filet d'eau à gauche du chemin, la *Source Ti-touis*, source d'eau potable où vous arrivez env. 25 mn après avoir quitté l'îlet. Le chemin se redresse maintenant un peu plus fortement vers la Plaine des Fraises où vous devez encore monter doucement avant une vigoureuse ascension jusqu'au col. Après un petit oratoire, vous rejoignez en haut le **Col du Taïbit** (2081 m). Ici, vous avez une

Juste avant le col.

belle vue sur le Cirque de Cilaos si vous vous retournez. Vous arrivez ensuite en terre inconnue. Devant vous le Cirque de Mafate tandis que vous voyez déjà en bas les maisons de Marla. A votre gauche, l'imposante paroi du *Rempart de Mafate*, qui s'achève ici au Grand Bénare et limite le Cirque côté occidental, est impressionnante. La descente jusqu'à Marla dure 45 bonnes mn. Vous traversez d'abord une belle forêt de mimosas mais vous devez ensuite descendre encore une fois en pente raide par des lacets avant de rejoindre bientôt la plaine ouverte de **Marla**. Après la ramification à gauche vers Trois Roches et Roche Plate, vous arrivez à *l'Epicerie du Col du Taïbit* et vous trouvez les panneaux indiquant les gîtes où vous avez déjà réservé la nuit quelques jours auparavant déjà.

Deux îlets très visités dans le sud de Mafate

Avec 200 lits pour la nuit, une église, une école, trois magasins, deux restaurants et une cabine téléphonique, La Nouvelle est le plus gros bourg dans le cratère de Mafate. On s'habitue peu à peu à la foule, de plus en plus dense, de visiteurs. Marla en revanche est un petit bourg où vivent sept familles seulement. A 1600 m d'altitude, les soirées sont nettement plus froides, le paysage aussi est plus aride que dans les îlets plus bas au nord. Les deux bourgs sont ralliés au cours de cette randonnée qui passe aussi par la merveilleuse forêt de la Plaine des Tamarins. De nombreux arbres ont été abattus ces dernières années par les cyclones et le sol est couvert d'une herbe de savane dense.

Départ : Parking gardé au Col des Bœufs.
Arrivée : En voiture : Derrière Salazie, tourner direction Le Bélier/Grand Ilet, continuer à Grand Ilet à gauche direction Col de Fourche, Col des Bœufs, le dernier morceau suit la route forestière asphaltée jusqu'au parking, 24 km environ depuis Salazie. **En car :** Pas de liaison directe jusqu'au Col des Bœufs. Le réseau Ti-car jaune, ligne 82 (Salazie – Le Bélier) ne va que jusqu'à la route forestière, faire les 6 derniers km à pied ou en autostop.
Dénivelée : 890 m.

Difficulté : Les chemins sont bien préparés dans l'ensemble.
Restauration/Hébergement : Gîtes d'étapes et petits magasins à La Nouvelle et Marla.
Variante: Depuis La Nouvelle jusqu'à Marla à travers la Plaine aux Sables en faisant un crochet par Trois Roches : très belle randonnée de deux jours avec nuit à Marla. En combinaison avec les itinéraires 36 ainsi que 37 avec nuit à Roche Plate et Marla pour une randonnée de trois jours.

Derrière le parking gardé, vous passez la barrière et vous montez par le large chemin sablonneux jusqu'au **Col des Bœufs**, où vous arrivez après 20 mn environ. Vous découvrez alors devant vous la région de randonnée : vous reconnaissez La Nouvelle, la Plaine des Tamarins, loin derrière le Rempart de Mafate, Le Maïdo et le Grand Bénare. Vous descendez par d'étroits lacets sur un sentier bien préparé et laissez de côté la ramification à gauche direction

Col de Fourche, qui marque la transition avec le Cirque de Salazie. Des fourrés de tamarins et des fougères arborescentes bordent le chemin jusqu'à votre arrivée à la **Plaine des Tamarins**. Le sentier est aménagé avec des madriers en bois et certains passages boueux peuvent être franchis par des pontons en bois. Vous traversez la plaine, notez la ramification à gauche direction *Marla*, que vous empruntez au retour, puis vous arrivez à un dôme d'où vous pouvez encore une fois admirer le paysage de Mafate jusque très loin en bas. La descente jusqu'à **La Nouvelle** dure environ 30 mn. Avant de continuer sur le

chemin principal à gauche direction *Plaine aux Sables/Trois Roches*, vous faites un petit crochet par le village. Si vous le souhaitez, vous pouvez faire le *Tour d'Ilet* ; des pieux en bois avec la tête peinte en jaune vous servent de guide. Après l'église, l'école et le sentier menant au camping, vous quittez finalement le village. Montez d'abord un peu puis descendez à travers une forêt ombragée de filaos sur un chemin entretenu. Vous dépassez un petit ruisseau et montez lentement en serpentant jusqu'à la branche qui vous conduit à gauche direction *Marla/passerelle* et *Maison Laclos*. Si vous continuez tout droit vous arrivez aussi à Marla ou Trois Roches en passant par la Plaine aux

Retour par la Plaine des Tamarins.

Sables. Le trajet est nettement plus long et impossible à faire en une journée. Restez donc sur le versant jusqu'à un col d'où vous descendez jusqu'au pont qui enjambe la **Rivière des Galets**. La ravine est étroite et profonde d'environ 40 m. Dans la remontée, vous suivez sur l'autre rive à nouveau un étroit sentier battu qui monte jusqu'à l'itinéraire principal qui relie Marla et le Col des Bœufs. Bifurquez à droite ; le sentier s'étire sur un terrain de prairies grasses, dépasse le groupe de cabanes Maison Laclos et l'église de Marla, simple bâtisse en tôle ondulée avec un clocher détaché. 30 mn environ après la ramification, vous arrivez à **Marla** et vous faites une pause à *l'Epicerie Col du Taïbit*. Pour le retour, suivez d'abord le même itinéraire depuis les cabanes à Maison Laclos, puis continuez tout droit, descendez un peu et, après avoir traversé deux cours d'eau, montez en pente raide jusqu'à la Plaine des Tamarins et la bifurcation. A gauche, vous voyez le sentier vers La Nouvelle que vous avez rencontré au début de la randonnée ; montez à droite jusqu'au **Col des Bœufs** et au parking.

Descente époustouflante dans la ravine de la Rivière des Galets

Le chemin le plus court qui relie les deux îlets La Nouvelle ainsi que Roche Plate conduit à travers la ravine de la Rivière des Galets qu'il vous faut franchir au gué à Fond de Mafate. Il n'est donc plus possible de rejoindre Grand-Place à partir de là. L'ascension en direction de Roche Plate passe par la paroi orientale escarpée du Bronchard, sommet aplati sur le dessus entre les deux îlets. Bronchard était à l'époque un chasseur d'esclaves redouté. Armé jusqu'aux dents, il parcourait avec ses troupes le terrain impraticable de Mafate à la recherche d'esclaves en fuite. D'après la légende, ces derniers se servaient de la plateforme de la montagne pour observer les mouvements de Bronchard.

Départ : La Nouvelle dans le Cirque de Mafate. Accessible seulement à pied par l'itinéraire 35.

Dénivelée : 460 m à la montée, 780 m à la descente.

Difficulté : Dans la partie inférieure de la descente, sécurisation avec des cordes métalliques, dans l'ascension du col, absence de vertige et pied sûr nécessaires. Versant rocailleux sans garde-corps.

Remarque : En période pluvieuse, le niveau des eaux dans la Rivière des Galets peut monter fortement. Se renseigner donc avant de partir en excursion si le gué peut être franchi.

Restauration/Hébergement : Plusieurs gîtes d'étape et magasins à La Nouvelle et à Roche Plate. Point d'eau potable à l'entrée du village de Roche Plate. Réservation hébergement pour Roche Plate viala Maison de la Montagne

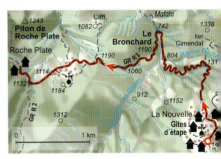

ou directement : Mme Thomas (☎ 0262-42 28 79/gîte privé) et Auberge du Bronchard (☎ 0262-43 83 66).

Etapes suivantes : De Roche Plate continuer via Trois Roches jusqu'à Marla (voir itin. 37), durée environ 4 h 45, ou via le col La Brèche jusqu'au Piton Maïdo, durée environ 3 h 30.

Quittez le centre-bourg de **La Nouvelle** direction *Col des Bœufs* jusqu'à l'entrée du village puis bifurquez à gauche pour suivre le panneau *Roche Plate*. Il est un peu difficile de s'orienter parce que le chemin est l'un des itinéraires les moins fréquentés de Mafate, mais vous le trouvez après avoir laissé derrière vous quelques pâturages clôturés et pu reconnaître à la lisière du village une maison d'habitation avec un toit rouge en tôle ondulée. Tournez ici à droite pour rejoindre en quelques minutes un vieux panneau d'info sur lequel

Descente vers le gué.

est écrite l'indication Roche Plate. Le sentier envahi d'herbe descend en décrivant d'étroits lacets, franchit de petits filets d'eau et traverse une végétation dense de forêt tropicale. La vue est bouchée dans une large mesure par les buissons. Après plus d'une heure de marche, le sentier est plus rocailleux et la vue dégagée sur un magnifique panorama de ravines avec d'innombrables cascades et ruisseaux qui dévalent les rochers jusqu'à la rivière. Vous devez franchir quelques passages d'éboulis, sécurisés dans la partie inférieure par des cordes métalliques. Après avoir franchi deux cours d'eau, vous traversez un court passage de blocs de rochers pour arriver à la **Rivière des**

Galets. D'énormes blocs erratiques polis et arrondis par l'érosion de l'eau sont disséminés dans la ravine, des points blancs sur les rochers et de petits cairns marquent sommairement l'itinéraire à suivre.

Vous devez traverser à trois reprises la rivière dont vous suivez le cours sur une bonne centaine de mètres jusqu'au point de départ de la montée sur le Bronchard. L'ascension en zigzag est difficile et demande de la concentration car le rocher est partiellement enfoui sous le sable et il n'y a pas de dispositif de sécurisation. Il faut plus d'une heure pour arriver aux filaos qui indiquent le col **Le Bronchard**. Ne faites pas le crochet à droite par le plateau du Bronchard ni celui un peu plus loin en bas à droite vers le cimetière ou à gauche vers la chapelle. Une descente douce vous amène aux premières maisons de **Roche Plate**. Après un autre petit pont, vous entrez dans la Ravine Anny et vous continuez jusqu'à la ramification à gauche direction *La Nouvelle/Marla*, que vous suivrez pour l'itin. 37, puis vous arrivez après un peu plus de 30 mn de descente à l'école de Roche Plate. Vous avez maintenant le choix : soit vous passez la nuit ici et vous retournez par le même chemin, soit vous continuez avec l'itin. 37.

Le sentier entre les cascades.

Les Trois Roches est le nom de ce lieu magique où la ravine de la Rivière des Galets se déchire et se force, après un gigantesque saut, un passage dans une gorge étroite. Trois gros blocs erratiques bordent la rive à ce point de cassure où les masses d'eau se jettent dans le vide. Ce lieu est prisé en raison de ses dalles de pierre polies réchauffées par le soleil dans le lit de la rivière sur lesquelles il est très agréable de marcher pieds nus. La deuxième partie de l'étape direction Marla traverse un passage érodé impressionnant. Après de longues précipitations, les versants poreux le long du cours supérieur de la Rivière des Galets produisent régulièrement des champs d'éboulis qui glissent jusqu'au cours d'eau, modifiant sans cesse le paysage.

Dans la ravine de la Rivière des Galets.

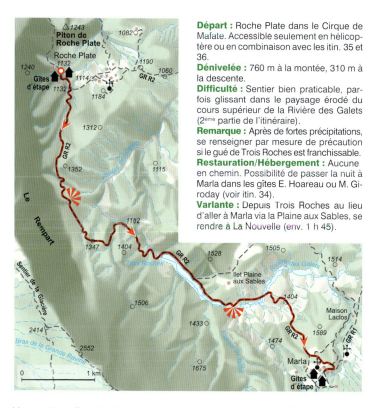

Départ : Roche Plate dans le Cirque de Mafate. Accessible seulement en hélicoptère ou en combinaison avec les itin. 35 et 36.

Dénivelée : 760 m à la montée, 310 m à la descente.

Difficulté : Sentier bien praticable, parfois glissant dans le paysage érodé du cours supérieur de la Rivière des Galets (2ème partie de l'itinéraire).

Remarque : Après de fortes précipitations, se renseigner par mesure de précaution si le gué de Trois Roches est franchissable.

Restauration/Hébergement : Aucune en chemin. Possibilité de passer la nuit à Marla dans les gîtes E. Hoareau ou M. Giroday (voir itin. 34).

Variante : Depuis Trois Roches au lieu d'aller à Marla via la Plaine aux Sables, se rendre à La Nouvelle (env. 1 h 45).

Vous quittez **Roche Plate** par le raidillon direction *Marla*, *Cilaos* sur l'itinéraire balisé en rouge et blanc du GR R1. La montée est rude, mais s'atténue ensuite au bout de 30 mn. Vous traversez une plantation avec quelques platanes jusqu'à une croupe qui vous offre de superbes vues. Derrière vous, les maisonnettes de Roche Plate, devant vous la ravine de la **Rivière des Galets**. D'ici, vous pouvez voir jusqu'à Marla. C'est ici que commence un parcours sportif de montées et de descentes, parfois très escarpées, vous obligeant à avoir recours aux mains pour ne pas tomber.

La montée finale vous amène à la gorge étroite sur le bord de laquelle vous faites une pause et jetez prudemment un œil en bas vers la rivière. Vous êtes parti depuis plus de 2 h et c'est ici que commence la partie la plus excitante de l'étape. Vous regardez de temps à autre en bas dans la gorge dont

La gorge étroite près de Trois Roches.

vous suivez le rebord droit direction Trois Roches. Encore une petite montée et les filaos, désormais familiers, vous indiquent que vous avez atteint le gué de **Trois Roches**. Vous traversez la rivière et vous n'avez pas à chercher longtemps un endroit pour vous reposer à l'ombre des arbres. Montez ensuite lentement le long de la large ravine. Après 10 mn, laissez à gauche le sentier qui conduit vers La Nouvelle, puis vous arrivez à un champ sablonneux avec de gros blocs erratiques et enfin à une petite échelle qui marque le début d'une courte montée escarpée sur un sol couvert d'éboulis. Vous faites une courte pause sur la petite selle suivante, fasciné par le paysage bizarre, avant de redescendre lentement sur un terrain glissant jusqu'au cours supérieur de la Rivière des Galets. Traversez-la et montez jusqu'à une plaine couverte de cailloux, petits et grands, avant d'arriver à la brèche dans le versant où vous attend une ascension de 25 mn. Vous êtes enfin sur le plateau de **Marla** et vous avez bientôt atteint le gîte

pour y passer la nuit. Le jour suivant, soit poursuivez votre route via l'étape finale de l'itinéraire 35 jusqu'au Col des Bœufs puis rejoignez Cilaos par le Col de Taïbit (voir itin. 34), soit rejoignez Hell-Bourg dans le Cirque de Salazie via le Col de Fourche (tronçon voir itin. 26).

Visite du plus ancien village dans le Cirque de Mafate

Deux chasseurs de chèvres sauvages bretons tombent lors d'une incursion dans le Mafate sur la maison d'un esclave en fuite. Ils sont accueillis en dialecte africain avec le mot »Orera« = »bonne terre«. La pierre de fondation du premier village de Mafate est alors posée. Aujourd'hui, 16 familles habitent à Aurère et ce pâté de maisons comprend une petite école, de nombreux gîtes pour passer la nuit et des logis rudimentaires en bois et tôle. Le circuit y conduit les randonneurs avant de continuer le long de la ravine du Bras d'Oussy avec des vues imposantes au loin jusqu'aux maisons de Grand- Place.

Départ : Les Deux Bras dans le cours inférieur de la Rivière des Galets.
Arrivée : En voiture : Bifurquer depuis la N 2 vers Le Port/La Rivière des Galets, à la Rivière des Galets tourner encore à droite au rond-point, puis après un court trajet continuer tout droit, franchir l'aire de retournement jusqu'à la piste caillouteuse, panneau Berges de la Rivière des Galets, se garer là devant la barrière. Monter en-

suite dans la vallée en taxi 4x4. **En car :** Réseau Car jaune (St-Denis – St-Pierre), ligne B,C,D, arrêt Sacre cœur juste à côté de l'autoroute, ici, attendre le taxi 4x4.

Dénivelée : 700 m.

Difficulté : Pied sûr nécessaire dans la montée vers Aurère et la descente depuis Bord Bazar, avec un court passage sécurisé par des cordes métalliques, chemin dans la ravine du Bras des Merles un peu envahi par la végétation.

Remarque : Transporteur agréé : M. Louise (℡ 0692-05 94 72) ou M. Budel (℡ 0692-03 13 29). Coûts pour 3 personnes : 15 + 5 par personne supplém., départ et retour après accord par téléphone. En période pluvieuse, les ponts de la piste sont parfois détruits, se renseigner donc suffisamment tôt sur l'état de la piste à la Maison de la Montagne.

Restauration/Hébergement : Petit magasin à Aurère, point d'eau au centre-bourg, gîtes d'étape (avec réservation par téléphone via la Maison de la Montagne), terrain de camping rudimentaire avec WC et cabane pour dormir.

Variantes : L'excursion peut être rallongée en une randonnée de plusieurs jours dans le Mafate. Pour cela, continuer de Aurère via Ilet à Malheur, Ilet à Bourse jusqu'à Grand-Place, y passer la nuit et poursuivre la route le jour suivant via Ilet des Orangers et le col La Brèche jusqu'aux îlets supérieurs, en débuant à Roche Plate.

Pâté de maisons à Aurère.

Depuis **Les Deux Bras** traversez l'étroite ravine du Bras des Merles. Vous cheminez ensuite en bordure de la berge ou en plein dedans. Vous vous déplacez d'une pierre à l'autre en amont sur un raidillon entre la *Crête de la Marianne* et la *Crête d'Aurère*. Au bout

d'un bon moment, le chemin se redresse enfin. L'ascension de 30 mn sur le rocher jusqu'à une crête est fatigante. Des filaos vous attendent au sommet, un petit bois dans lequel vous empruntez le sentier sur la droite. 15 mn plus tard, après l'école, vous atteignez le centre-bourg d'**Aurère** que vous reconnaissez à la petite fontaine avec un point d'eau et la plantation de café aménagée avec grand soin. Guidé par la forêt de panneaux, vous continuez tout droit direction *Les Deux Bras*, *Rivière des Galets* jusqu'à la sortie du village. Un coup d'œil en bas vers *Ilet à Malheur*, et vous voilà au col **Bord Bazar**. Vous passez ensuite dans la ravine suivante. La partie la plus excitante du circuit démarre par une descente escarpée, parfois sur un sol sablonneux, en certains endroits critiques sécurisés par des garde-corps en bambou. Votre regard est attiré vers l'abîme où le *Bras d'Oussy* cherche à se frayer un passage en dessous du *Piton Diable* en face et du massif du *Piton Tortue*. Vous arrivez au croisement *Source Cabris*, prenez à gauche le chemin qui monte à *Grand-Place* avant de redescendre à droite jusqu'à la **Rivière des Galets**

que vous suivez (pas de panneau). 30 mn plus tard, vous arrivez à La Porte, un tunnel bétonné de l'EDF. Vous longez la rivière sur une large piste caillouteuse et vous la traversez à plusieurs reprises avant de retourner à votre **point de départ**. Pour le retour à la côte, vous avez le choix entre trois possibilités : rentrer avec le 4x4, faire l'ascension escarpée d'environ 3 h jusqu'à *Dos d'Ane* ou marcher pendant 10 km sur la piste caillouteuse – ce qui est loin d'être une partie de plaisir en plein soleil. Un petit coup de fil et la voiture est déjà là.

Charmants petits coins au Bras des Merles.

Bord Martin – Grand – Place/Cayenne – Les Deux Bras

Une journée au cœur de Mafate

Grand-Place se situe au cœur de Mafate. Les quelques habitants sur l'îlet vivent ici paisiblement et loin de tout ; c'est le lieu le plus éloigné de tous les points d'accès. La division du village est conforme à la topographie. Grand-Place les Hauts se trouve tout en haut, de là on peut voir l'ensemble du plateau, Grand-Place/Boutique est situé un peu plus bas avec un magasin, une école et des gîtes d'étape, Grand-Place/Cayenne est encore plus bas, un peu à l'écart sur une saillie rocheuse dans la ravine de la Rivière des Galets. L'itinéraire suit le magnifique Sentier Scout panoramique. Après Ilet à Bourse,

on voit de temps à autre avec plaisir le sommet marquant du Piton des Calumets (1616 m) qui se laisse contempler sous des perspectives sans cesse changeantes.

Dans la dernière partie de l'étape, les vues sont tout aussi intéressantes. Le paysage de méandres avec les versants plissés verdoyants près du Bras d'Oussy est unique en son genre. On le traverse par un pont étroit à son embouchure dans la Rivière des Galets.

Départ : Parking en contre-haut de Bord Martin dans le Cirque de Salazie.

Arrivée : En voiture : Monter par la route du col jusqu'au Col des Bœufs (voir itin. 35), se garer env. 800 m après le point de vue Bord Martin après une boucle sur la droite à l'entrée du Sentier Scout. **En car :** Arrivée aussi comme dans l'itin. 35, faire les 5 derniers km env. en autostop ou à pied (à peu près 1 h 30 jusqu'à l'entrée).

Dénivelée : 540 m à la montée, 1960 m à la descente.

Difficulté : Les sentiers sont bien entretenus, court passage rocailleux dans la descente du Piton Tortue sécurisé par des cordes métalliques.

Remarque : Départ et arrivée de l'itinéraire très éloignés. Le parking au Sentier Scout n'est pas gardé. Mieux vaut laisser la voiture au snack-bar Le Grand Ilet à Grand Ilet et demander à Serge, le propriétaire, de vous conduire en haut (℡ 0262-47 71 19). Même chose pour ceux qui arrivent en car.

Restauration/Hébergement : A Grand-Place deux petits magasins, gîtes avec nuit sur réservation à la Maison de la Montagne (le gîte rustique de M. Thomas à Cayenne est très recommandé).

Variantes : Au lieu de rejoindre Deux Bras depuis Cayenne et de retourner à la côte, il est possible de prolonger le circuit après une nuit à Cayenne en une randonnée de plusieurs jours dans le Mafate. On arrive via Ilet des Orangers et La Brèche à Roche Plate (durée env. 4 h 30) et aux îlets supérieurs. Après avoir dormi à Cayenne, possibilité aussi de prolonger l'excursion en un circuit de 2 jours. Retourner via Aurère et Ilet à Malheur au parking au Sentier Scout (durée env. 6 h 30).

Le Sentier Scout sur la crête Deux Fesses.

Du **parking** en bordure de route, prenez à droite le **Sentier Scout** qui descend en décrivant au départ de longues boucles à travers une végétation tropicale jusqu'au *Bras Bémale*, que vous traversez. Vous venez à bout de la remontée avant de redescendre légèrement et lentement jusqu'à la crête dégagée *Les Deux Fesses* qui vous offre un magnifique panorama sur le nord de Mafate avec le sommet dominant du *Piton des Calumets* au centre. Vous vous enfoncez à nouveau dans la forêt et traversez une petite clairière dans laquelle la liaison transversale à droite vers le *Sentier Augustave* est actuellement fermée avant de rejoindre encore une selle, appelée Le Grand Rein, depuis laquelle vous pouvez jouir d'un beau panorama des deux côtés. Une bonne heure s'est écoulée depuis le départ. La descente qui suit est longue, parfois escarpée, parfois glissante. Vous pouvez emprunter l'un ou l'autre itinéraire aux deux bifurcations car ils se rejoignent peu après. Le sentier se rétrécit pour former une allée ombragée de filaos, avec des fruits de la passion sur le sol et des framboises qui poussent dans le sous-bois. Vous dépassez la première ferme qui appartient à Ilet à Malheur les Hauts puis vous tombez sur le carrefour de **La Plaque**. Le chemin à droite monte à Aurère, mais vous descendez à gauche direction Grand-Place.

Vous entrez dans la Grande Ravine, franchissez la rivière par un pont suspendu vacillant qui ne peut porter qu'une personne simultanément puis, une fois sur l'autre rive, vous gravissez en zigzaguant pendant 15 mn le versant escarpé. Vous flânez à nouveau à travers une allée de filaos sur une chaîne de montagne. Vous arrivez bientôt à **Ilet à Bourse**, un tout petit village qui possède toutefois une école, un bar, un gîte d'étape et un centre de planning familial. Derrière le village, le chemin descend en pente raide dans l'étroite ravine du **Bras d'Oussy** que vous franchissez à un gué avant de remonter en pente raide sur la rive opposée. Une courte descente jusqu'au carrefour et vous arrivez par la droite en une bonne heure à Cayenne. Si vous continuez tout droit, vous rejoignez directement le plateau de **Grand-Place** après une montée et une descente brèves mais vigoureuses. Vous arrivez en haut par ce chemin détourné après être passé devant un bassin d'eau et vous décou-

vrez très bientôt les premières mai-sons de Grand-Place les Hauts. Vous traversez une plaine et restez à la ramification suivante sur la droite direction Cayenne, puis vous par-courez les jardins en terrasse des habitants d'Ilet qui cultivent ici le chou-chou et autres légumes. Au poteau indicateur suivant, bifurquez à gauche vers la boulangerie, mal-heureusement fermée l'après-midi. Il paraît qu'elle vend de la baguette toute chaude. Continuez à des-cendre et cherchez le chemin princi-pal que vous aviez quitté pour faire ce petit détour et que vous retrouvez d'ailleurs derrière la petite école. Re-tour à l'itinéraire principal ; même sans balisage, il est évident qu'il faut tourner à gauche et descendre en s'éloignant du village. De loin, vous apercevez déjà le premier groupe de cabanes en tôle. **Cayenne** est si-tué dans un lieu pittoresque, pareil à un nid d'oiseau sur une saillie ro-cheuse et vous invite à faire un petit crochet pour prendre un café. Ici aussi, vous pouvez passer la nuit dans un gîte.

La vallée du Bras d'Oussy.

De là, continuez sur un terrain plat vers la Rivière des Galets au départ ; à la ramification juste après qui descend à gauche jusqu'à *Ilet des Lataniers* voire à la rivière, continuez tout droit vers Aurère. Le chemin se redresse et vous montez en zigzaguant jusqu'au col du **Piton Tortue** avec une vue grandiose sur le paysage vallonné du *Bras d'Oussy*. Loin en bas, vous voyez l'étroit pont métallique qui l'enjambe à l'embouchure de la *Rivière des Galets*. Des-cendez-y doucement tout en admirant à nouveau les rapides en dessous et après quelques pas un poteau indique droit devant vous la direction d'Au-rère. Bifurquez toutefois à gauche dans le sentier non balisé et un peu envahi par la végétation et passez devant des bois de bambous, des agaves et des cassies de la famille des mimosacées. Juste après, vous rejoignez l'itinéraire principal au carrefour **Source Cabris** où un sentier monte à droite jusqu'à Aurère tandis qu'un autre descend à gauche via La Porte, avant de rejoindre, en longeant la *Rivière des Galets*, **Les Deux Bras**, où vous pouvez demander à ce que l'on vienne vous chercher en 4x4 (voir itin. 38).

Deux étapes royales à la fois sur le flanc ouest de Mafate

Le Cirque de Mafate est limité à l'ouest par une paroi rocheuse haute de 1000 m. Ce Rempart de Mafate s'étend de Sans-Souci en bordure de la Rivière des Galets jusqu'au Grand Bénare. La première étape, la descente du Maïdo tôt le matin le long du rempart est fatigante mais offre des vues époustouflantes sur le relief varié du paysage de Mafate. La station intermédiaire est Ilet des Orangers, un petit village dans lequel vivent 17 familles avec école, gîte ainsi que magasin, coincé entre le rempart et la Crête des Orangers. La deuxième étape de la marche sur un sentier de 150 cm de large le long de la Canalisation des Orangers, est tout aussi intéressante. Elle descend jusqu'à la Rivière des Galets 500 m en contrebas sans aucun garde-corps et presque à la verticale. Le chemin est devenu célèbre grâce au facteur de Mafate, désormais à la retraite, Angélo Thiburce, qui partait d'ici à Sans-Souci pour faire sa tournée hebdomadaire de 130 km à pied en tout jusqu'aux villages dans le cirque.

Vue sur le Cirque de Mafate.

Départ : Arrêt de bus Sentier de Roche Plate au Piton Maïdo.

Arrivée : En voiture : Arrivée comme celle décrite à l'itin. 8 certes possible mais pas judicieuse parce que le départ et l'arrivée du parcours sont très éloignés l'un de l'autre. **En car :** Arrivée avec le réseau Pastel, ligne 2 (St-Paul/Gare routière – Le Maïdo), terminus, retour depuis Sans-Souci aussi avec le réseau Pastel, ligne 8.5 (St-Paul – Sans-Souci), terminus St-Paul.

Dénivelée : 180 m à la montée, 1710 m à la descente.

Difficulté : Pied sûr et concentration dans la descente escarpée du Maïdo, le sentier est un peu battu. Le chemin le long de la canalisation est bien praticable, mais pas de garde-corps côté pente.

Remarque : Possibilité de s'approvisionner en eau au Captage.

Restauration/Hébergement : A Ilet des Orangers petite boutique, pas d'ouverture continue, gîte d'étape privé annexé, Yoland Louise (☎ 0262-43 50 90).

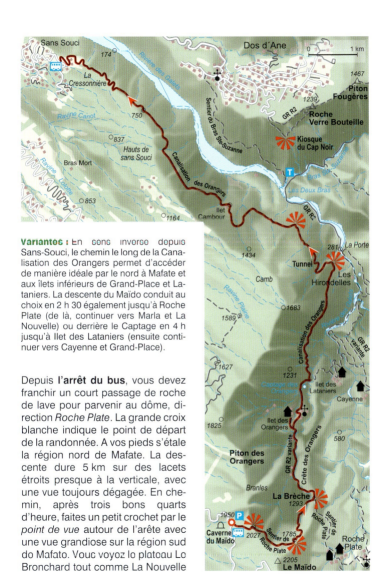

Variantes : En sens inverse depuis
Sans-Souci, le chemin le long de la Canalisation des Orangers permet d'accéder
de manière idéale par le nord à Mafate et
aux îlets inférieurs de Grand-Place et Lataniers. La descente du Maïdo conduit au
choix en 2 h 30 également jusqu'à Roche
Plate (de là, continuer vers Marla et La
Nouvelle) ou derrière le Captage en 4 h
jusqu'à Ilet des Lataniers (ensuite continuer vers Cayenne et Grand-Place).

Depuis **l'arrêt du bus**, vous devez
franchir un court passage de roche
de lave pour parvenir au dôme, direction *Roche Plate*. La grande croix
blanche indique le point de départ
de la randonnée. A vos pieds s'étale
la région nord de Mafate. La descente dure 5 km sur des lacets
étroits presque à la verticale, avec
une vue toujours dégagée. En chemin, après trois bons quarts
d'heure, faites un petit crochet par le
point de vue autour de l'arête avec
une vue grandiose sur la région sud
do Mafate. Vous voyez le plateau Le
Bronchard tout comme La Nouvelle

Ilet des Orangers.

et Roche Plate. Continuez par une crête jusqu'au col **La Brèche**, seul nœud de communication entre les îlets inférieurs au nord et les îlets situés plus haut dans le sud. Deux anciennes voies de communication entre les deux régions via Roche Ancrée sont devenues infranchissables à la suite de glissements de terrain. Le chemin à droite du rocher descend en 30 mn environ jusqu'à Roche Plate mais vous continuez à gauche direction Les Orangers, balisage jaune et rouge. Après un passage d'escalade dans la Ravine Grand Mère asséchée, vous passez devant quelques petites cabanes avant de vous glisser dans une gorge étroite pour rejoindre, 1 bonne heure plus tard, le point où commence l'ascension vers l'aire **Ilet des Orangers** – la seule ascension d'ailleurs de toute la randonnée. Vous avez ici le choix entre deux itinéraires :

le sentier de gauche mène directement à la boutique, celui de droite en revanche, un peu plus escarpé, monte jusqu'au village. Les deux itinéraires se rejoignent au bout du village d'où vous descendez direction *Canalisation*. Le court passage ensuite à travers une gorge étroite, le long de la petite *Ravine des Orangers*, est idyllique et l'eau claire comme du cristal. Vous arrivez ensuite au **Captage des Orangers**. Ici en haut, l'eau potable destinée à la commune de St-Paul est captée et acheminée dans la vallée par une canalisation en acier de 20 cm d'épaisseur. Cette canalisation passe au milieu du chemin de votre deuxième étape. La **Canalisation des Orangers** est presque partout couverte, mais parfois une partie des manchons sort du sol. En de nombreux endroits, la canalisation est dotée de soupapes entourées de bidons ouverts. Concentrez-vous donc et faites attention où vous mettez les pieds.

5 mn après le Captage, la ramification à droite conduit à Lataniers et Rivière des Galets. Ilet des Lataniers, à env. 30 mn d'ici, semble reposer sur un plateau rocheux circulaire. Ne quittez pas le chemin principal. Il vous reste encore 9 bons km à parcourir dans un sillon sans ombre sur le versant. En chemin, vous traversez encore un court tunnel puis vous prenez une petite douche sous une paroi rocheuse en saillie avant d'arriver à un chemin à travers champs avec une pancarte indiquant toutes les destinations proches dans la direction opposée dans le Mafate. Descendez maintenant pendant env. 1 h sur la droite par ce chemin avant d'atteindre, après une citerne et quelques cabanes en tôle, une route asphaltée dans le village de **Sans-Souci** où le petit car qui dessert St-Paul passe toutes les heures. Si vous êtes encore en forme, descendez jusqu'au bar suivant dans le village, mais ne quittez pas la route des yeux car le car ne s'arrête que si vous lui faites un signe de la main.

Canalisation des Orangers – le sentier : un sillon dans le versant.

Descente escarpée vers un hameau charmant

Avant de bifurquer en voiture ou en car de la grand-route par Bois Court dans la Rue Thomas Payet jusqu'au point de départ de la randonnée, parcourir en vitesse encore 400 m tout droit jusqu'à la plateforme panoramique au bout de la rue. La vue sur la vallée est grandiose. Tout comme dans la ravine de Takamaka, vous voyez devant vous un cirque avec les deux rivières Bras de Ste-Suzanne et Bras des Roches Noir dont les sources se trouvent sur les versants en face. Juste après Grand Bassin, elles se rejoignent pour former le Bras de la Plaine qui se jette dans l'océan près de St-Pierre. Il faut descendre maintenant 800 m jusqu'à Grand Bassin, commune regroupant autrefois 200 habitants au moins qui, là en bas, pouvaient sans problème survenir à leurs besoins jusqu'à ce que cyclones et tempêtes ne détruisent leurs plantations. Il reste aujourd'hui une trentaine d'habitants qui vivent principalement du tourisme en louant leurs gîtes aux randonneurs et aux visiteurs de fin de semaine qui cherchent ici le calme et l'isolement. Un monte-charge les approvisionne une fois par jour en denrées alimentaires et utilitaires.

Départ : Parking dans la Rue Thomas Payet à Bois Court.
Arrivée : En voiture : Depuis la N 3, centre-bourg de La Plaine des Cafres, bifurquer dans la D 70 vers Bois Court/ Grand Bassin, à Bois Court prendre à gauche dans la Rue Thomas Payet, garer la voiture 300 m plus loin au bord de route près du panneau Grand Bassin. **En car :** Réseau Ti-bus Tampon, ligne 3 (Le Tampon – Bois Court), arrêt Bois Court/ Grand Bassin.
Dénivelée : 680 m.
Difficulté : Pied sûr et bonne condition pour la montée, quelques passages côté pente sont un peu escarpés.
Restauration/Hébergement : A Grand Bassin petite boutique, nombreux gîtes pour dormir et manger sur réservation téléphonique p. ex. Gîte Le Paille en Queue, ✆ 0262-59 20 08 ou le gîte de M. Séry, ✆ 0262-59 10 34).
Variante : Les randonneurs font volontiers cette excursion en 2 jours avec nuit dans l'un des gîtes.

Depuis la route, continuez tout droit sur un terrain plat le long d'une clôture en fil de fer jusqu'au versant. Un étroit raidillon, le **Sentier de Bois Court,** descend en permanence. A droite la paroi rocheuse, à gauche la pente avec un talus composé de nombreux buissons de corbeille d'or. Après 30 mn, croisez le téléphérique et deux canalisations, 15 mn encore et vous arrivez à un transformateur et au village après un pont étroit. De nombreux arbres fruitiers

Le cirque de Grand Bassin.

dispensent de l'ombre : litchis, bi-basses, bananes. Les petits gîtes (cabanes en bois ou tôle avec lits superposés) sont séparés par des murettes avec, entre elles, d'étroites ruelles pour les piétons. Un poteau indicateur auquel vous arrivez au bout de quelques minutes, indique le centre-bourg. A droite, le chemin mène au *Piton Bleu*, à gauche à la cascade, votre destination. Arrivé au *Bras de Ste-Suzanne* (jolis bassins de baignade), traversez jusqu'au point supérieur de chute de la **Cascade le Voile de la Mariée**, qui, 40 m plus bas, remplit un bassin. Vous pouvez franchir la rivière, suivre l'étroit sentier à droite pour contourner le dôme puis y descendre par une pente raide. Faites provisoirement demi-tour et prenez le chemin du retour un peu fatigant par le même itinéraire.

3 h 00

Vue au-dessus de la Plaine des Cafres jusqu'au Piton Bleu.

Promenade à travers les pâturages des hautes plaines

La ballade d'environ 10 km passe à travers La Plaine des Cafres, nom donné aux esclaves en fuite, les »cafres«, qui se cachaient autrefois dans ce terrain encore inhospitalier et inculte. Les pâturages avec des vaches laitières, des fermes avec des salles de traite, de petits marécages avec des mares et, entre, des haies d'ajoncs ainsi que de bruyères, dominent au contraire aujourd'hui le paysage des hautes plaines.

Départ : Parking à côté du centre équestre devant l'hôtel-restaurant La Diligence à Bourg-Murat.
Arrivée : En voiture : Sur la N 3 depuis La Plaine des Palmistes tourner 800 m env. avant l'entrée de Bourg-Murat à droite dans l'Impasse Belle Vue à côté du centre équestre. La descente est balisée avec les panneaux Gîte de Belle Vue et Hôtel Diligence. **En car :** Réseau Car jaune, ligne H (St-Benoît – St-Pierre par Les Plaines), arrêt Champ de Foire.
Dénivelée : 70 m.
Difficulté : Aucun problème particulier.
Remarque : Le centre équestre à côté de l'hôtel-restaurant La Diligence propose des excursions à cheval ou poney à travers les hautes plaines.
Restauration/Hébergement : A l'hôtel-restaurant La Diligence et au Gîte de Bellevue au point de départ (℡ 0262-59 15 02).

Du **parking**, cheminez d'abord un instant dans le prolongement de la petite route d'accès *Impasse Belle Vue*, dépassez le rempart et longez le terrain militaire adjacent. Prenez ensuite un chemin sablonneux qui bifurque vers les communs du centre équestre sur la droite tandis que vous continuez dans votre direction où vous vous enfoncez dans un étroit chemin équestre. Après un haut fourré, vous montez un peu puis, arrivé à un croisement, vous prenez à gauche et continuez au pied d'un bois. Le sentier droit devant monte au Piton Villers, celui de droite mène aux écuries du centre équestre. Vous restez à portée de vue du terrain militaire avec quelques casernes et aires d'entraînement, puis vous tombez sur un chemin sablonneux que vous suivez un instant le long des barbelés jusqu'à ce qu'il monte sur la droite. Continuez tout droit, à nouveau le long de la clôture dans la sente tracée par les chevaux, puis bifurquez au bout de 3 mn sur la gauche, toujours en longeant la clôture jusqu'à ce qu'après 15 bonnes mn de marche au total vous rejoignez à nouveau un chemin de pierres concassées sur lequel il est possible de rouler. Vous obliquez ici à droite et des-

cendez un peu puis vous passez au bout de 5 mn par une barrière pour arriver au tournant d'un chemin à travers champs bétonné que vous suivez sur la gauche. A partir d'ici, vous pouvez vous promener tranquillement.

20 mn plus tard, à un carrefour, vous prenez à droite et vous passez devant des troupeaux de vaches, des pâturages avec des bottes de foin et des bassins pour la récupération d'eau. Juste avant le carrefour suivant, vous dépassez la première ferme. Arrivé au croisement, tournez à droite puis, immédiatement après un virage serré sur la gauche, continuez toujours tout droit vers le **Piton Bleu**. Vous voyez deux autres fermes avec des étables et des animaux. La vue porte loin tout autour au-dessus des prés jusqu'à la chaîne du Dimitile tandis que vous apercevez à l'horizon le Piton des Neiges et d'autres pitons verdoyants de la première génération du Piton de la Fournaise. Vous arrivez au *GR R2* qui emprunte un moment à gauche le chemin à travers champs pour monter au Piton des Neiges, puis vous bifurquez ici à droite et vous arrivez bientôt à la nationale *N 3*. Pour le dernier morceau jusqu'au **parking**, tournez à droite et marchez en bordure de route.

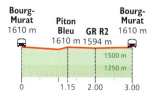

Circuit varié à travers quatre zones de végétation différentes

Ce circuit est difficile mais varié avec une foule de vues grandioses. Il traverse un paysage de pâturages puis de bruyères, une forêt tropicale puis une forêt de cryptomérias avant de s'approcher très près de la croupe du Piton des Neiges, passe à côté du cirque de Grand Bassin et offre un panorama sur la vaste étendue des hautes plaines avec de nombreux pitons verdoyants.

Départ : Parking au chemin vicinal sur la Plaine des Cafres.
Arrivée : En voiture : Depuis St-Benoît par la N 3, traverser La Plaine des Palmistes puis bifurquer immédiatement après le Col de Bellevue à droite près du panneau de l'arrêt de car GR Piton des Neiges dans le chemin vicinal asphalté. Rouler 2 km environ tout droit jusqu'au panneau d'info couvert et garer la voiture à côté. En car : Réseau Car jaune, ligne h (St-Benoît – St-Pierre), arrêt GR Piton des

Neiges, le dernier morceau à pied (environ 30 mn).
Dénivelée : 620 m.
Difficulté : Sol ferme dans le terrain de bruyère, sentier impraticable et couvert de racines dans la forêt tropicale, bonne condition nécessaire dans l'ascension finale du Col de Bébour jusqu'au Piton de la Plaine des Cafres.
Remarque : Aucune possibilité de restauration en route, emporter donc suffisamment d'eau pour la route.

A travers un terrain plat de prairies pour commencer.

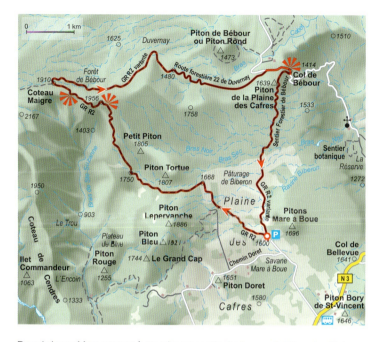

Depuis le **parking**, prenez à gauche un sentier battu vers le Piton des Neiges.
Il s'agit d'une étape partielle sur le *GR R2*, balisé en blanc et rouge, qui s'étire
ici entre le point culminant de l'île et le gîte au volcan. Vous marchez entre
deux clôtures sur des prairies vertes avec, de temps à autre, des buissons
touffus d'ajoncs aux fleurs jaunes et de bringelliers (aubergines sauvages)
aux fleurs violettes. Vous franchissez les clôtures par des échelles en bois ou
en acier. Au bout de 15 mn, une première ramification monte à gauche au Piton Bleu puis descend vers Grand Bassin, mais vous continuez tout droit sur
un chemin qui monte doucement. Après 30 bonnes mn, la végétation change
progressivement et vous quittez la zone de prairies. Après le petit **Piton
Tortue**, vous traversez un paysage de bruyères unique en son genre. Que ce
soit sous forme de *brandes*, buissons pouvant avoir la taille d'un homme, ou
de lande, la bruyère couvre le sol rocailleux. Vous continuez à monter sur le
chemin toujours bien praticable et avec une vue dégagée sur la Plaine des
Cafres. De petites nappes de brume s'accrochent aux pitons. Le sentier se
rétrécit et des tapis de mousse de toutes les couleurs foisonnent entre les
buissons sur le sol. Après un peu plus de 1 h de marche, une première trouée

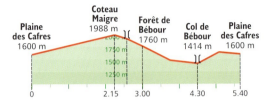

dans les buissons de bruyère, après 1 h 30 le meilleur point de vue : le regard porte loin en bas vers le sud dans la ravine du Bras de Ste-Suzanne qui prend sa source ici à presque 900 m sous vos pieds, à l'horizon quelques maisons de Grand Bassin, en haut la plaine du Bois Court. Juste après, vous arrivez à l'étroite crête entre ce cirque et la zone de forêt tropicale de Bébour. La crête est un contrefort de la chaîne du **Coteau Maigre**, qui s'étire encore jusqu'au *Rempart de Cilaos*. D'ici aussi, la vue est grandiose, mais dans l'autre direction cette fois, vers le nord au-delà de la forêt tropicale impénétrable qui se heurte loin derrière au Coteau Monique et au Cap Anglais aux versants rocailleux qui montent. A l'ouest, elle monte jusqu'à bien au-delà de 2000 m sur le dos du Piton des Neiges. Dans la descente qui suit jusqu'à la bifurcation *Forêt de Bébour*, soyez prudent. Le sentier est étroit, couvert de racines et doté de quelques courtes échelles métalliques. A gauche, le sentier monte au Piton des Neiges mais vous bifurquez à droite.

Tapis de mousse et aucune issue.

Vue sur les hautes plaines.

Après 30 mn environ, vous descendez en pente raide jusqu'à la forêt tropicale. L'itinéraire, plus fatigant désormais, passe par des blocs de basalte, devant des tamarins et des fougères arborescentes, mais aussi brièvement dans le lit asséché d'une rivière avant de parvenir à la **Forêt de Bébour** dans laquelle vous vous enfoncez. Vous devez alors lutter, pendant 45 mn, contre les racines d'arbres, les pierres moussues et les flaques. La végétation change à nouveau, de plus en plus de cryptomérias aux troncs élevés apparaissent, avec, au milieu, l'indestructible calla. Le chemin s'élargit aussi et débouche finalement sur une route forestière. Vous descendez à droite jusqu'à une aire de retournement du tronçon bétonné de la route forestière accessible à tous. Votre chemin débouche sur une autre route forestière qui conduit à gauche à travers une forêt tropicale jusqu'au *Gîte de Bélouve*. Vous prenez à droite pour rejoindre le **Col de Bébour** et vous jetez encore un œil sur les zones boisées désormais embrumées, puis vous franchissez le col et bifurquez tout de suite dans le virage depuis la route goudronnée à droite dans le sentier battu qui monte direction Plaine des Cafres.

La montée est pénible et vous devez à nouveau franchir un passage très escarpé pour rejoindre, 250 m plus haut, le *Piton de la Plaine des Cafres*. Vous trouvez au début une végétation de forêt tropicale puis, en altitude, un paysage de bruyères dominé par la mousse et les étendues herbeuses avant d'entamer l'étape finale sur le chemin vicinal à travers les prairies jusqu'au **parking**.

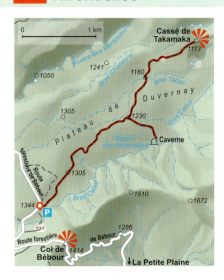

A travers une forêt de brume enchanteresse jusqu'à la ravine de Takamaka

Les zones de forêt tropicale sur l'île, en altitude à partir de 1100 m, sont un précieux trésor naturel avec de vastes étendues impénétrables et complètement inaccessibles. Dans la Forêt de Bébour et la Forêt de Bélouve, on a aménagé quelques sentiers qui sont dégagés et entretenus régulièrement par l'ONF.
La descente ici décrite jusqu'au balcon panoramique au-dessus de la ravine de Takamaka et vers une caverne où nichent des hirondelles au Bassin des Hirondelles en fait obligatoirement partie.

Départ : Parking à la route forestière de Bébour/Bélouve.
Arrivée : En voiture : Sur la N 3 dans La Plaine des Palmistes tourner dans la D 55 direction *La Petite Plaine*, puis monter pendant env. 4 km à droite direction *Forêt de Bébour/Bélouve*, rester sur la route forestière pendant env. 6 km jusqu'au Col de Bébour puis descendre 500 m env., traverser un pont en béton et se garer

dans le virage à gauche suivant près d'un petit panneau d'infos en bordure de route. Pas de liaison en car adéquate jusqu'aux itinéraires de randonnée dans la forêt tropicale.
Dénivelée : 290 m.
Difficulté : Sentier étroit, souvent glissant, avec des racines parfois.
Remarque : Nappes de brouillard dès midi.

Le petit **panneau d'info** couvert pour le sentier botanique adjacent à votre itinéraire est votre point de départ. Vous descendez à droite, au début sur des marches tassées, puis par un étroit sentier battu avant

Fleur de calla.

de vous enfoncer bientôt dans cette forêt enchanteresse. Le sentier est bordé d'innombrables fleurs de calla, sorte de coupes blanches qui couvrent de vastes étendues du sous-bois entre octobre et décembre. Vous continuez à descendre au milieu d'une

végétation de plus en plus dense. Des fougères arborescentes, des buissons de goyaviers, des fuchsias avec, entre, des troncs de tamarins déracinés auxquels s'accrochent fougères, mousses et lichens. Vous découvrez ici tout l'éventail de la forêt tropicale. Regardez toujours par terre lorsque vous marchez pour éviter de tomber à cause des flaques boueuses et des racines nues. Après 30 bonnes mn de parcours, suivez la ramification à droite vers le **Bassin des Hirondelles**. *Le Bras Cabot* clapote ici tranquillement tandis que des hirondelles nichent dans une caverne rocheuse.

Retournez à la ramification et continuez à droite pour rejoindre, 15 mn plus tard, le lit du petit ruisseau *Bras Tubac*, mince filet pendant les mois de la période sèche. Après une clairière avec de l'herbe de marais, des callas et un anneau de fougères arborescentes, vous arrivez à votre destination, le **Cassé de Takamaka**, plateforme panoramique sur la pente escarpée qui descend jusqu'à la ravine de Takamaka (voir itin. 16). Vous reconnaissez très bien d'ici la petite centrale de Takamaka 1 sur le versant de la Rivière des Marsouins. Pour retourner à votre point de départ, om pruntez le même chemin.

Sentier dans la forêt tropicale.

Visite du »Trou d'Enfer« dans la Forêt de Bélouve

Le circuit à travers la haute futaie de la Forêt de Bélouve mène au Trou de Fer (en fait : d'enfer), le trou infernal dans lequel se jette la cascade depuis une hauteur de 300 m dans la ravine du Bras de Caverne. La région n'est pas accessible par en bas. Seuls des amateurs d'escalade de canyon expérimentés peuvent s'y rendre dans le cadre d'une expédition de 2 à 3 jours.

Départ : Parking sur la route forestière de Bélouve/Bébour.
Arrivée : En voiture : Comme dans l'itinéraire 44, bifurquer dans la route forestière de Bélouve et rouler pendant environ 15 km en forêt, 3 km environ avant le Gîte de Bélouve se garer sur le premier grand parking à côté d'un portail métallique. (Fermé le week-end pour réduire la circulation jusqu'au gîte.) **En car :** Rejoindre Hell-Bourg via Salazie, puis mon-

ter jusqu'au Gîte de Bélouve (voir itin. 23), point de départ du circuit.
Dénivelée : 230 m.
Difficulté : Sentier bien praticable mais glissant ainsi que couvert de racines notamment dans la partie inférieure du Trou de Fer.
Restauration/Hébergement : Boissons chaudes et fraîches au Gîte de Bélouve, nuit et repas sur réservation (✆ 0262-37 36 25).

Sentiers en bois dans la Forêt de Bélouve.

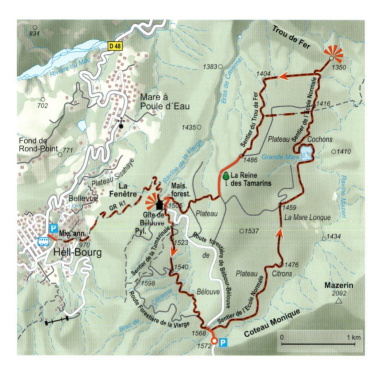

Suivez la route forestière par laquelle vous êtes arrivé pendant encore 150 m.
A droite commence ensuite le **Sentier de l'école normale** par une passerelle
de madriers en bois dans la forêt. 6,5 km de parcours sont balisés jusqu'au
Trou de Fer. Vous laissez à gauche au bout de 5 mn un sentier avec des
points oranges et vous arrivez 15 mn plus tard à un carrefour sans indication
où vous continuez tout droit sur le large chemin qui descend un peu. Il est
provisoirement marécageux jusqu'à une clairière couverte d'herbe où vous
trouvez un point d'eau. Vous continuez par un large chemin forestier, en suivant le panneau *Trou de Fer*, parrs une forêt claire de tamarins. A la bifurcation suivante, un chemin à travers champs monte à gauche jusqu'au gîte,
mais vous continuez en biais à droite sur la route forestière que vous quittez
seulement 15 mn après la bifurcation pour obliquer ensuite à droite dans un
étroit sentier qui vous conduit directement à **Grande Mare**. Vous faites le tour
(20 mn) du marais avec sa mare, d'autant plus que vous pouvez admirer du
côté dégagé le *Piton des Neiges*. De retour au chemin principal, vous bifur-

La zone marécageuse de Grande Mare.

quez à droite, marchez encore un instant sur la roche glissante avant que ne commence une agréable ballade. Vous flânez ensuite pendant 20 mn sur des passerelles en bois et des pontons installés par l'ONF pour éviter les passages boueux jusqu'au carrefour suivant qui conduit à gauche au gîte, à droite à la ravine de Takamaka. Vous continuez cependant tout droit et vous arrivez après 10 mn à une zone marécageuse avec des troncs d'arbres tombés en travers dans la boue. Il vous faut aussi longtemps pour gagner la dernière ramification à gauche que vous suivez maintenant après avoir fait un crochet par le *Trou de Fer* jusqu'au *Gîte de Bélouve*. Vous escaladez encore des racines et des cailloux puis vous arrivez au *point de vue* au **Trou de Fer** : un petit coin sécurisé par des garde-corps en bois. Le regard est attiré presque magiquement par l'abîme de la ravine et vers la cascade.

Vous devez remontez le chemin jusqu'à la ramification puis prendre à droite en direction du *Gîte de Bélouve*. Vous traversez une ravine, marchez par des passerelles en bois avant d'atteindre un chemin sablonneux avec des pierres concassées grises que vous suivez à droite. Vous le quittez un peu plus tard à nouveau par la droite et passez, encore une fois, par une superbe forêt de tamarins en empruntant des passerelles en bois et des escaliers jusqu'au **Gîte de Bélouve**. Continuez maintenant vers le *Piton des Neiges*, sur le chemin caillouteux rouge jusqu'au panneau indicateur *Sentier de la Tamarinaie* et *Sentier de la vierge*. Une fois là, bifurquez à droite, franchissez le dôme puis retournez au chemin caillouteux. Tandis que le Sentier de la Tamarinaie bifurque peu après à droite, vous restez encore un instant sur le chemin et suivez le Sentier de la vierge. Après 10 mn, vous quittez le chemin caillouteux – qui monte alors sur la droite – et vous retraversez la forêt jusqu'au chemin à travers champs suivant. Une fois là, descendez à gauche pour rejoindre peu après la route d'accès bétonnée jusqu'au gîte. Franchissez la barrière, tournez à droite et vous vous retrouvez peu après au **point de départ** de votre randonnée.

Trou de Fer.

Crochet par un lac de cratère

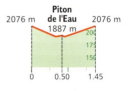

La Plaine des Cafres et La Plaine des Palmistes en altitude s'étendent, en montant légèrement, jusqu'au Rempart de la Rivière de l'Est. Le paysage est parsemé de pitons verdoyants qui semblent avoir été posés au hasard entre les prairies et les chemins. Il s'agit de cratères qui sont apparus dès que le Piton de la Fournaise est entré en activité. Ils sont aujourd'hui couverts de bruyère et d'herbe ou, comme ici au Piton de l'Eau, complètement remplis d'eau. Les parois du cratère sont si étanches que l'eau de pluie a pu s'accumuler pour former un étang profond. L'itinéraire qui y mène traverse des étendues de pâturages couverts d'herbe grasse et de buissons d'ajoncs, en passant devant des mangeoires et des abreuvoirs pour les vaches. La vue porte loin en bas jusqu'à la mer près de St-Pierre.

Piton de l'Eau.

En route vers le lac de cratère.

Départ : Parking au bout de la route forestière de Piton de l'Eau.
Arrivée : En voiture : Depuis la N 3 à Bourg-Murat, bifurquer dans la Route du volcan, monter jusqu'au Piton Textor (env. 13 km), tourner juste après dans la piste caillouteuse à gauche et suivre le poteau indicateur Piton de l'Eau 9 km. Après environ 5 km, se garer à côté de la barrière.
Dénivelée : 240 m.
Difficulté : Promenade facile, sans ombre et sans problème.
Restauration : Aucune possibilité en chemin.

Depuis le **parking**, glissez-vous à côté de la barrière métallique dans la route forestière praticable à partir d'ici uniquement pour les agriculteurs avec leurs 4x4. La promenade fait environ 4 km aller et retour sur un large chemin à travers champs. Celui-ci descend légèrement en permanence, les ramifications à droite et à gauche conduisent toutes deux à des prés clôturés. Si vous le souhaitez, vous pouvez suivre après un peu plus de 30 mn les taches de couleur orange qui balisent un sentier battu parallèle à l'itinéraire principal sur des pierres et des pieux. Le chemin sablonneux et le sentier battu montent en 40 bonnes mn de marche d'abord à gauche jusqu'au bord du cratère au **Piton de l'Eau**, que vous rejoignez au bout de quelques pas. L'étang aux reflets verdâtres fait environ 60 m de diamètre et il est entouré d'une couronne dense de coupes blanches de calla, en créole *arum au blanc*. Le Piton des Neiges et la Roche Ecrite trônent à l'arrière-plan, formant une véritable idylle. Itinéraire identique pour retourner au **parking**.

Vers les cratères secondaires du Piton de la Fournaise

Une excursion sur le rempart de Bellecombe jusqu'à sa pointe nord est tout aussi intéressante que la randonnée dans le cratère de l'Enclos Fouqué. Un parcours d'environ 8 km aller et retour. Avec le Piton de la Fournaise toujours dans son champ de vision, on passe devant de nombreux cratères des années 80 et de l'histoire toute récente du volcanisme : on peut voir par exemple le Piton Kapor de 1998 ou encore le Piton Célimène de l'an 2000. On reconnaît aussi deux petits cratères qui, fin février 2005, ont augmenté la superficie de l'île avec trois coulées de lave, mais qui n'ont pas encore été baptisés. Les divers tons marrons et gris de chacune des coulées permettent de bien voir la manière dont elles sont entremêlées.

Départ : Parking au bout de la Route du Volcan.
Arrivée : En voiture : Depuis la N 3 à Bourg-Murat près de la Maison du Volcan, tourner dans la Route du Volcan, monter ensuite pendant environ 24 km jusqu'au bout et s'y garer. Pas de liaison en car.

Dénivelée : 480 m.
Restauration : Aucune en chemin, boissons, sandwichs, WC et panneaux d'info sur le volcan au Relais du Volcan à côté du parking.
Difficulté : Des chaussures de randonnée solides sont conseillées ; parfois glissant dans le dernier morceau.

Depuis le **parking**, prenez la même direction que pour le tour du cratère au Piton de la Fournaise, mais ne descendez pas par le portail métallique jusqu'au fond du volcan. Continuez plutôt tout droit sur un sentier qui se rétrécit un peu sur le versant escarpé. Vous pouvez vous approcher prudemment en de nombreux endroits jusqu'au bord et jeter un œil, 150 m plus bas, au fond du volcan. Le Cratère du Formica Leo apparaît devant vous tandis que vous voyez au loin la Chapelle de Rosemont. Vous ignorez la ramification à gauche vers le Gîte du Volcan après 20 mn de marche et vous restez sur le chemin principal qui s'élargit et se redresse légèrement jusqu'au **Piton de Partage**,

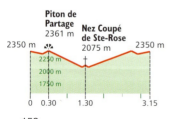

point culminant de la randonnée avec ses 2361 m. Une antenne a été plantée là en plein milieu d'un point de vue panoramique clôturé depuis lequel vous pouvez regarder dans toutes les directions vers le cratère sans risquer de tomber. Le sentier se rétrécit de plus en plus, pour ne former par endroits qu'une sente très étroite. Continuez à descendre sur

Le sommet du Nez.

un terrain qui se rétrécit également pour former une selle depuis laquelle vous pouvez voir aussi à gauche jusqu'au plateau de savane de la Rivière de l'Est. La végétation est étonnamment dense, des buissons de bruyères et de *petits tamarins des hauts* bordent le chemin. Immédiatement avant d'atteindre le »nez coupé«, vous devez faire une courte ascension pénible puis vous arrivez au petit plateau au **Nez Coupé de Ste-Rose**. Vous pouvez voir loin jusqu'à la mer, si les premiers nuages ne sont pas déjà montés. Le versant qui descend jusqu'à la mer a été baptisé **Le Grand Brûlé**. Il est couvert de récentes coulées de lave, noires, grises et marrons. Retour au **parking** par le même chemin.

A travers l'extraordinaire paysage de lave au Piton de la Fournaise

Le paysage de cratères au Piton de la Fournaise est l'un des phénomènes naturels les plus impressionnants de l'île ; prévoir impérativement d'y faire un crochet. Depuis la grande éruption d'avril 2007, il est impossible pour l'instant de contourner le cratère principal Bory et Dolomieu en raison du risque d'éboulements. Il est toutefois recommandé de ne pas rater la plaine de lave en contrebas, l'Enclos Fouqué, le petit cratère sablonneux de Formica Leo ou l'un des nombreux cratères secondaires. Les chemins menant au Cratère Rivals et au Cratère Kapor ont été réaménagés. L'ensemble du Piton de la Fournaise est visible du début à la fin.

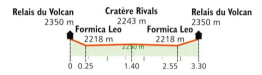

Départ : Parking au bout de la Route du Volcan.
Arrivée : En voiture : Monter jusqu'au bout de la Route du Volcan puis garer ici sa voiture.
Dénivelée : 160 m.
Difficulté : Chaussures de randonnée solides conseillées parce que les étendues de lave durcie sont parfois tranchantes mais sa surface accidentée évite heureusement de glisser.
Restauration/Hébergement : Aucune possibilité en chemin, casse-croûte au Relais du Volcan juste à côté du parking, il est indispensable de réserver pour dormir au Gîte du Volcan (✆ 0262-51 17 42).
Variante : Les randonneurs peuvent également opter pour le Cratère Rivals plutôt que pour le Cratère Kapor

(2200 m) à environ 4 km. Le sentier de randonnée bifurque à gauche immédiatement après être entré dans l'Enclos Fouqué.
Remarque : Démarrer quoiqu'il arrive tôt le matin, parce qu'il faut s'attendre l'après-midi à des nuages d'alizé. Penser aussi à emporter un pull chaud pour les départs à l'aube (froid), un coupe-vent fin contre le vent sur le cratère ainsi que de quoi se protéger efficacement contre le soleil parce qu'il n'y a pas du tout d'ombre ici.
Curiosités : La Maison du Volcan (mar.–dim. 9 h 30–17 h 30) à Bourg-Murat propose des informations intéressantes, des films et des photos sur le volcanisme en général et le Piton de la Fournaise en particulier.

Paysage de lave à l'aube.

Depuis le parking, rendez-vous en empruntant un large chemin qui longe à gauche le Rempart de Bellecombe jusqu'à un portail métallique qui marque la descente vers la plaine de lave. Lorsque le volcan est en activité, ce portail est fermé pour plus de sécurité. Descendez en pente raide pendant 100 bons m le long du rempart jusqu'à l'ancien fond du cratère, appelé Enclos Fouqué aujourd'hui. Vous rejoignez en quelques pas le **Cratère du Formica Leo** ou »lion des fourmis«. Le petit cratère est en sable de lave rouge poudreux et il fait moins de 100 m de diamètre. Juste après, continuez par de la lave en corde et en blocs sur le *Sentier Rivals* balisé à main droite à travers la plaine jusqu'au *Cratère Rivals* qui ne s'est plus réveillé depuis 1937.

La végétation est maigre ici. Seuls quelques buissons de bruyères et de fougères arborescentes arrivent à pousser dans les fissures entre les dalles de lave. Le chemin bien balisé, long de 5 km, passe par le *Cratère Sery* et le *Cratère Caubet* dont les cheminées rouges donnent l'impression d'avoir déversé, hier encore, de la lave. Après plus d'une heure de marche depuis Formica Leo, vous arrivez au *Cratère Rivals* du sommet duquel vous avez un vaste panorama sur l'ensemble du versant oriental du volcan à vos pieds qui s'ouvre en forme de fer à cheval vers **Grand Brûlé**. Vous pouvez voir des rebuts de scories, des plaques basaltiques noires fondues et de la lave en blocs qui ont glissé jusqu'à la mer en de longues et larges traînées au cours d'anciennes éruptions.

Reprenez le même itinéraire pour retourner au Formica Leo.

Le Morne Langevin, 2380 m `49`

Une vue dégagée de tous côtés sur le Rempart des Sables

La Plaine des Remparts est une haute plaine, petite et aride, limitée de tous côtés par des versants tombant en pente escarpée. Côté ouest, le canyon de la Rivière des Remparts, côté sud la vallée du Langevin, et côté est le Rempart des Sables qui descend, 100 m plus bas à la verticale, jusqu'à la Plaine des Sables. Le long de ce rempart, l'itinéraire conduit le randonneur à la pointe sud extrême au Morne Langevin. Randonnée fascinante grâce à sa magnifique vue panoramique : en bas jusqu'au désert de sable, en haut jusqu'au Piton des Neiges et en face jusqu'à l'océan près de St-Joseph.

Départ : Parking au Pas des Sables.
Arrivée : En voiture : Monter par la Route du Volcan pendant environ 18 km, garer la voiture devant le Pas des Sables à côté d'un panneau d'info.
Dénivelée : 30 m.
Difficulté : Sentier sans ombre, avec des cailloux tranchants ou du sable de lave par endroits.
Restauration : Aucune en chemin.

Pas des Sables 2350 m	Le Morne Langevin 2380 m	Pas des Sables 2350 m
	2250 m	
	2000 m	
	1750 m	
0	1.10	2.15

Vue sur la Plaine des Sables.

Traversez au **Pas des Sables** dans le virage à gauche la route qui descend à La Plaine des Sables. *Le Sentier du Morne Langevin* est indiqué avec une longueur de 7 km aller et retour avec, pour s'orienter, des taches de couleur blanche sur le sol rocailleux. La végétation de bruyère est maigre, le sentier par conséquent facile à repérer. Il s'étire en permanence à distance respectable de la pente escarpée dont vous vous approchez prudemment. Vous voyez à vos pieds la plaine de sable aux reflets rouges et marrons, la silhouette sableuse du *Piton Chisny* et du *Piton Rouge* tandis que vous distinguez au loin le *Piton de la Fournaise*. La piste sablonneuse sur laquelle les petites cylindrées et les cars soulèvent des nuages de poussière, s'étire en plein milieu.

Après 15 mn, vous voyez l'ancienne ramification qui mène à droite à la *Falaise de Mahavel*, entrée *strictement interdite*. Les fissures à la surface à proximité du versant ouest ne permettent plus de faire une boucle.

Vous restez sur le chemin principal et vous vous approchez de votre destination, **Le Morne Langevin**, indiqué par un court

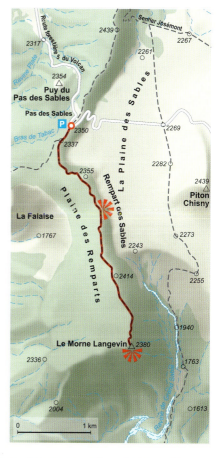

pylône à droite duquel vous devez encore passer avant de vous retrouver sur une plateforme panoramique. A vos pieds, la *Ravine des Sables*, la vallée du *Langevin* et un peu plus loin le plateau de *Grand Coude*. Prenez ensuite le même itinéraire pour retourner au **Pas des Sables**.

Vue sur le Piton de Neiges.

A travers le paysage vallonné du versant escarpé de la Rivière de l'Est

Ce circuit permet de continuer à découvrir l'histoire volcanique du Piton de la Fournaise. Les itinéraires 49 et 51 parcourent la partie sud de la deuxième époque des »caldeiras«, la Plaine des Sables et le Rempart des Sables. On arrive maintenant à la partie nord. On couvre une longue distance sur le versant escarpé du Rempart de la Rivière de l'Est qui englobe l'arc en demi-cercle du Rempart des Sables. La dénivelée par rapport à la plaine n'est plus désormais de 150 m mais de plus de 400 m. La plaine n'est plus de sable de lave, mais couverte d'une végétation de buissons de bruyères et d'herbe de savane (voir itinéraire 52).

Départ : Parking sur la route forestière de Piton de l'Eau.
Arrivée : Monter par la Route du Volcan pendant environ 13 km jusqu'au Piton Textor, puis prendre juste après à gauche la piste caillouteuse, panneau *Piton de l'Eau 9 km*, et garer la voiture 50 m plus loin. Pas de liaison en car.
Dénivelée : 340 m.
Difficulté : Les chemins sont bien praticables, parfois avec des cailloux tranchants, passages sablonneux par endroits.
Restauration/Hébergement : Aucune en chemin.

Depuis le **parking**, parcourez 150 bons m sur la piste caillouteuse direction *Piton de l'Eau*, puis tournez à droite dans le *GR R2*. Vous traversez à plusieurs reprises la Route du Volcan et vous la longez même un court instant avant de vous en éloigner et de monter par le large chemin de lave à travers

des buissons de bruyères et de tamarins jusqu'au **Rempart de la Rivière de l'Est**. A droite, le *GR R2* dépasse *l'Oratoire Ste-Thérèse* et continue jusqu'au *Gîte du Volcan*. Vous bifurquez à gauche et vous commencez votre marche à une distance respectable du bord sur le chemin dans le versant direction *Ravine bechique/Piton de l'Eau*. Ce parcours de 4 km est très varié. Le versant escarpé ici n'est pas également abrupt

Le sentier sur le rempart.

qu'au *Rempart des Sables*, avec plusieurs plis doux sur lesquels poussent de petits buissons de tamarins. Vous distinguez en face le versant qui monte doucement jusqu'au Rempart de Bellecombe avec, lovés dedans, les toits rouges du *Gîte du Volcan*. Après 1 h 30, vous quittez le rempart et vous descendez par un étroit sentier battu entre les buissons jusqu'à la **Route forestière de Piton de l'Eau** (voir itin. 46). Depuis la barrière, empruntez un instant la piste caillouteuse à gauche puis bifurquez encore à gauche juste après un pont bétonné enjambant la *Ravine Bechique*. Le sentier est indiqué par des points rouges sur le sol de lave. Vous traversez ensuite un ancien terrain volcanique, passez devant de douces collines de cratère, soit par des dalles de lave dures, soit par des pierres concassées tendres, pour retourner à la piste caillouteuse. Le sentier continue tout droit jusqu'au Piton Textor. Vous restez sur la piste, descendez à gauche, traversez à nouveau le *GR R2* de l'aller pour rejoindre après quelques minutes votre **point de départ**.

A travers le désert de sable volcanique au Piton Chisny

Tropiques et désert – c'est un mariage possible à La Réunion, même si le désert n'est pas très grand et si l'on n'y rencontre pas de sables mouvants et de mirages. On marche sur de petits cailloux de lave, de 2 à 20 mm, appelés pillis qui ont été propulsés dans l'air il y a environ 3000 ans lors d'une éruption du Piton Chisny. Ils ont été éparpillés tout autour, formant ainsi une impressionnante plaine sablonneuse qui, en certains endroits, semble aussi lisse que dans un jardin japonais. La végétation est rare car le sol de la Plaine des Sables est si poreux que l'eau de pluie s'infiltre immédiatement avant de ressortir, loin d'ici, dans le canyon de la Rivière de l'Est.

Départ : Parking au Pas des Sables, arrivée comme dans l'itin. 49. Pas de liaison en car.
Dénivelée : 160 m.

Difficulté : Chaussures solides et protection contre le soleil sont conseillées.
Restauration/Hébergement : Aucune possibilité en chemin.

Juste derrière le **panneau d'info**, le sentier traverse un terrain ouvert jusqu'à la lisière du désert de sable. *Le Rempart des Sables*, que vous empruntez un instant, fait ici env. 150 m de haut. Après une forêt d'antennes, vous arrivez bientôt à **l'Oratoire de Ste-Thérèse** avec de petites statues de saints et des bougies. Le sentier droit devant continue sur le versant jusqu'au *Rempart de*

Marche à travers le désert La Plaine des Sables.

la *Rivière de l'Est* (voir itin. 50), mais vous prenez à droite le *GR R2* direction *Gîte du Volcan*. Après une descente de 15 mn sur un sentier assez battu, vous arrivez au *Plateau des Basaltes* depuis lequel vous pouvez voir loin dans la plaine de savane de la *Rivière de l'Est*. Vous descendez par des lacets étroits et un peu escarpés sur un sol rocailleux jusqu'à un petit bois de tamarins. Arrivé à la plaine suivez pendant 4 mn environ la direction indiquée par le poteau *Gîte du Volcan*, puis prenez à droite le chemin Vers *Sentier de la Rivière Langevin*. Des cailloux et des rochers avec des points blancs dessus vous aident à vous repérer.

C'est ici que commence votre marche à travers le désert de **La Plaine des Sables**, d'abord par des dalles de lave puis par du sable de lave crissant sous vos pas. Cette étendue est aussi appelée la Plaine de la Lune car elle ressemble par endroits vraiment à un paysage lunaire. Vous distinguez bien les anciens cratères du *Piton Hauy* et du *Demi-Piton*. Après 20 bonnes mn de marche sur

la plaine, vous arrivez à la Route du Volcan que vous traversez avant de faire un crochet direction Sentier de Langevin à travers sable et cailloux de lave jusqu'à la pente qui descend de manière abrupte dans la vallée du Langevin. A gauche, le **Piton Chisny**, auquel on doit l'éjection de pillis. Des cailloux de lave de plus grande taille, qui ont glissé du sommet, sont disséminés également sur la pente. Continuez seulement jusqu'à l'endroit où vous pouvez voir où le désert de sable s'achève abruptement. Le sentier conduit d'ici en 5 h au *Grand Galet* sur la côte sud par la vallée, mais vous faites demi-tour et retournez à la route que vous gravissez à gauche jusqu'au **point de départ**.

En route vers la Rivière de l'Est par la plaine couverte de savane

Les plaines du Fond de la Rivière de l'Est et la Plaine des Sables sont apparues il y a plus de 40 000 ans lorsque le Piton de la Fournaise a créé sa deuxième »caldeira«. La marche à travers le désert de lave fait l'objet de l'itinéraire 51. Le circuit ici décrit passe par l'autre partie de la caldeira, à une altitude un peu moins élevée. Il compte parmi l'une des excursions les plus variées dans la région volcanique, car il traverse une magnifique futaie ainsi qu'un vaste paysage de savane jusqu'à un canyon où la plaine s'achève abruptement. Le chemin du retour conduit au Nez Coupé de Ste-Rose, déjà connu depuis l'itinéraire 47.

Départ : Parking au Gîte du Volcan.
Arrivée : Le chemin à suivre pour arriver en voiture est le même que celui décrit dans l'itin. 47, mais bifurquer 1 km environ avant de rejoindre le parking à gauche en direction du Gîte du Volcan. Garer la voiture ici.
Dénivelée : 680 m.
Restauration/Hébergement : Aucune possibilité en chemin. Boissons et petites collations seulement au Gîte du Volcan, nuit et dîner sur réservation (☎ 0262-51 17 42).
Difficulté : Chemin de forêt facile dans le premier morceau mais l'ascension du Nez Coupé de Ste-Rose est donc fatigante, le sentier étant couvert de racines et lisse, voire même presque vertical par endroits.
Remarque : Emporter assez d'eau.

Prenez le large chemin caillouteux qui descend à gauche du parking et ne le quittez pas pendant les 20 mn qui viennent avant qu'il se rétrécisse. La forêt, dans laquelle vous vous retrouvez dans la descente recèle tous les trésors qu'ont à vous offrir les futaies de La Réunion. Cela est d'autant plus surprenant que, jusqu'ici, vous n'avez rencontré dans cette région que de la bruyère, de petits arbrisseaux et des roches volcaniques. Vous descendez pendant 1 h par une route forestière douce sur le versant. Des pieux en bois peints en blanc plantés dans le sol et des points blancs sur les dalles de roche balisent le sentier ombragé jusqu'à la plaine du **Fond de la Rivière de l'Est**. Plus de 100 vaches broutent ici en bas dans les pâturages clôturés.

L'étape suivante passe par le paysage plat de bruyère et d'herbe de la **Savane Cimetière** (où règne véritablement un calme de cimetière) et il ne vous faut que 30 mn jusqu'à la ramification à droite vers le *Nez Coupé de Ste-Rose*, qui n'est pas autrement indiquée mais qui est bien marquée à gauche et à droite par des pieux en bois. Vous y passerez plus tard. Con-

Dans la Savane Cimetière.

tinuez d'abord tout droit pendant 15 autres mn, en longeant dans le dernier morceau la ravine asséchée de Savane Cimetière jusqu'à une clairière, visible de loin à cause d'un abri avec un toit peint en rouge brillant. Votre but d'étape, **Cassé de la Rivière de l'Est**, est atteint. Le nom est un peu déroutant : vous ne voyez que la Ravine Savane Cimetière auparavant décrite et qui s'achève ici abruptement au bord. Ce n'est que très loin en bas que coulent les sources de la Rivière de l'Est, qui récupère l'eau de pluie infiltrée dans la Plaine des Sables. Elle est ensuite dérivée dans un bassin de récupération pour alimenter en eau potable Ste-Rose.

Retournez à la ramification direction *Nez Coupé de Ste-Rose* et traversez d'abord le lit asséché de la Ravine Savane Cimetière, puis quittez la plaine et montez le versant escarpé jusqu'à une crête et, plus loin, jusqu'au sommet du **Nez Coupé de Ste-Rose**. Le retour se fait, comme dans l'itin. 47, toujours vers le panneau indiquant *Pas de Bellecombe* jusqu'à la ramification menant à droite au **Gîte du Volcan** et au parking.

171

Index